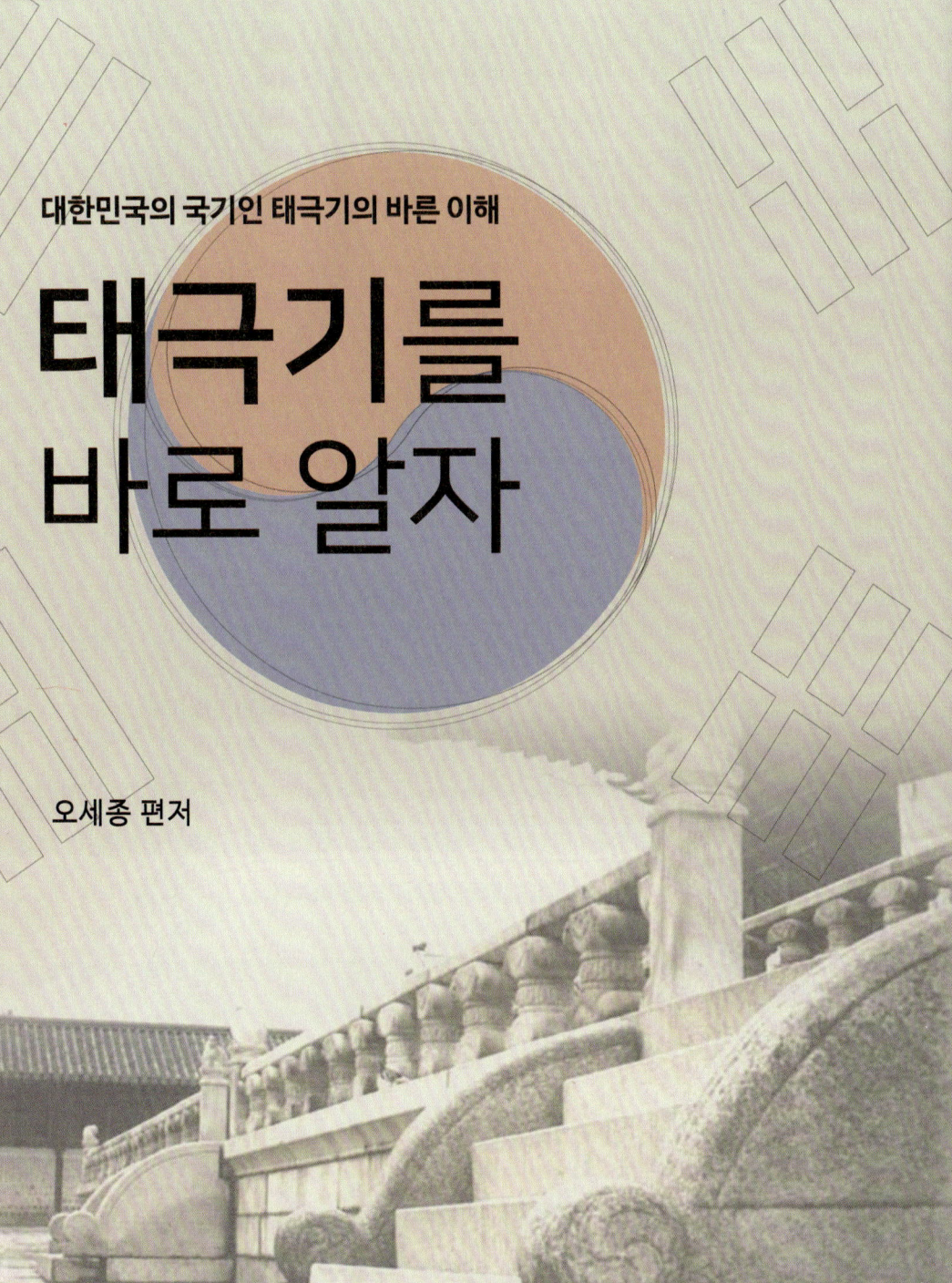

대한민국의 국기인 태극기의 바른 이해

태극기를 바로 알자

오세종 편저

태극기를 바로 알자

태극기를 바로 알자

편 저 오세종

초판인쇄 2025. 7. 31.

펴낸이 박순복
펴낸곳 삼필문화사
편 집 이동원
디자인 박은영
인 쇄 대양기획

가격 : 15,000원

등 록 1991년 11월 1일 가 제17-76호
주 소 서울시 강동구 구천면로47길 78(암사동) 빛의교회
전 화 02. 441-2087 / 010. 8875-2602
팩 스 02. 429-8864

태극기를 바로 알자

오세종 편저

삼필문화사

일러두기 ───────────

✦ 이 책에 사용된 부호와 기호는 다음과 같다.
 1. 서명(書名), 잡지 : 『 』
 2. 동양 고전(古典)의 편명(篇名) : 「 」
 3. 신문 : 〈 〉

| 머리말 |

　'태극기'의 문양은 그리기가 까다롭고, 또 그 의미를 제대로 알기도 그리 쉽지 않다. 도형 배치도 제각각이고, 태극 원형(圓形)의 순환 방향도 서로 다르며, 양의(兩儀)의 방향이 다르기도 하고, 그 색깔도 여러 가지이며, 외곽의 주역 괘(卦)들도 4괘(四卦) 또는 8괘(八卦) 등 여러 가지다. 또한 현행 태극기의 도안이 역리(易理)에 맞지 않는다는 주장이 많다. 따라서 일반인들 대다수는 태극기의 원리와 그 의미를 제대로 알지 못하는 실정이다.

　이러한 현상을 보면서 필자는 태극기에 대하여 제대로 알아보아야겠다는 생각에서 태극기에 관한 자료를 간간이 수집했고, 이를 바탕으로 계간지 『성실문화』(2002년 8월 31일 - 2003년 2월 25일)에 이미 '태극기' 해설을 연재한 바 있다. 그리고 이번에 『성실문화』에 연재했던 내용을 다소 보완하고 수정하여 단행본으로 펴내게 되었다.
　이 작업에 착수하면서 각종 태극기와 관련 자료를 수집하기 위해 닥치는 대로 이곳저곳을 찾아다녔다. 독립기념관, 서울박물관, 서울역사박물관, 서울 인사동 태극기특별전, 한국이민사박물관, 백범기념관, 용산전쟁기념관, 통영 향토역사관, 한국교원대학교 교육박물관 태극기 기획전시 등을 찾아다니며 자료들을 수집하였다.

태극기 자료수집에 기꺼이 동행한 지우(知友) 조문행 감리교회의 감독과 신철희 사모, 한규준 고태영 신광철 신동수, 오흥석 목사, 윤성희 사모, 박순복 사모와 하와이 연합감리교회의 자료를 수집하여 제공해 준 박우성 원로목사에게 감사함을 전하며, 소장 자료를 흔쾌히 제공해 준 조영진 목사에게도 감사를 표한다. 책의 디자인과 편집을 세밀하게 검토한 이동원 박사, 김두영 박사 박은영 사모의 수고에 감사한다. 그리고 빛의 교회 출판위원들께도 고마운 마음을 전한다.

이 책의 간행을 계기로 대한민국의 국기인 태극기를 제대로 이해하고, 나라를 사랑하는 마음이 더욱 간절해지기를 기원한다.

2025년 7월 31일
빛의교회 삼필재에서
오세종

차례

- 머리말 … 5

- 태극기를 바로 알자 … 15

A. 잘못 그린 태극기, 잘못 게양된 태극기 … 18

B. 우리 고래(古來)의 태극 문양 … 21
   1. 우리 고래(古來)의 3태극(三太極) 문양 … 21
      1) '3태극'은 예부터 내려온 우리의 문양이다 … 21
      2) '3태극 문양'의 유적들 … 22
   2. 오래된 '태극' 문양들 … 23
      1) 전라남도 나주 복암리에서 발굴된 1,400년 전 태극 문양 … 23
      2) 감은사지 석단(石壇) 기대석(基臺石)의 '3태극' 문양 … 24
      3) 그 외의 태극 문양 ; 사진자료 … 25

C. 태극 문양의 다양한 변형 … 30
   1. 주역의 원리에서 나온 태극 구도(構圖); (後述) … 30
   2. 전라남도 나주 복암리에서 1,400년 전 태극 문양 발견 … 30
   3. 천지자연지도(天地自然之圖) … 30
   4. 주렴계의 태극도 … 31
   5. 황공망(黃公望)의 '복희선천시회지도(伏羲先天始畵之圖)' … 32
   6. 명나라 조중전(趙仲全)의 '古太極圖' … 33

D. 태극이 들어간 깃발[旗] … 35
   1. 좌독기(坐纛旗) ; 박영효 태극기의 원형으로 추정되는 깃발 … 35
   2. 임진왜란 거북선에 게양한 '태극기' … 42

3. 노량해전에서 전선(戰船)에 게양한 태극기 … 43
4. 영조 책봉례 청나라 사신 '봉사도(奉使圖)'의 태극기 … 44
5. 『통상장정성안휘편(通商章程成案彙編)』에 실려 있는 태극기 … 46

E. 여러 가지 문양의 태극기 … 49
  1. 규장각 소장, 어기(御旗) 태극기 (1882년) … 50
  2. 이응준 도안 태극기 … 51
  3. 미(美) 해군성(Navy Department) 항해국(Bureau of Navigation) 출간 '해상 국가들의 깃발들(Flags of Maritime Natios)''에 수록되어 있는 태극기 … 55
  4. 박영효 태극기의 제작 과정 (1882년 8월 9일-14일) … 62
  5. 제임스 태극기 ; '메이지마루[明治丸] 호' 선상(船上)의 도안 … 66
  6. 유길준 태극기 (1883년 무렵) … 69
  7. '쥬이 태극기' ; 미국 스미소니안 국립박물관 소장 … 70
  8. 박영효 태극기 … 71

F. 박영효 태극기 이후의 태극기들 … 74
  1. 데니(Denny) 태극기 … 74
  2. 선교사 노블 목사가 소장해 온 태극기 … 83
  3. 우표 태극기 … 86
    1) 대조선국 우초(郵鈔, 우표)의 태극도 (1884년) … 87
    2) 태극(太極) 보통 우표 초판 4종의 태극기 (1895년) … 89
    3) 이화(李花) 보통 우표 14종의 태극 문양 (1900년) … 90
  4. '조선의 놀이'에 실린 태극기 (1895년대) … 91
  5. 독립문 조각(彫刻) 태극기 (1896년) … 92
  6. 고종황제 탄신 기념일 태극기 게양 … 95
  7. 신문에 새긴 태극기 ; "독립신문, 황성신문, 제국신문" … 96
  8. 프랑스 엽서에 소개된 태극기 (1885년경) … 100
  9. 대한제국 선포 전·후의 태극기 이미지 (1890년~1900년경) … 101

10. 고종황제 '태극기' … 104
11. 태극기 이미지를 상표에 도입한 외국 기업 (1901년) … 105
12. '에스터 하우스 호텔(Astor House Hotel) 수화물표' 태극기 … 108
13. 만민공동회 종로 강연회 (1898년) … 109

G. 서기 1900년 이후의 태극기들 … 111
  1. 강릉 선교장(船橋莊) 내에 설립된 동진학교 태극기 … 111
  2. 성냥 상표에 등장한 태극기 (1900년대) … 115
  3. 프랑스에서 제작된 보드게임에 그려진 태극기 (1904년) … 117
  4. 파리 박람회장에 게양했던 태극기 (1900년) … 118
  5. 워싱턴 '주미 대한제국공사관' (1900년대 초) … 120

H. 하와이 태극기들 … 129
  1. 하와이 첫 이민 태극기 (1904년) … 125
  2. 하와이 한인감리교회 윤치호 환영 태극기 (1905년) … 126
  3. 고종 황제 탄신기념일 후의 태극기 (1907년) … 126
  4. 오아우 섬 카우후쿠(Kahuku) 교회 태극기 (1908년) … 127
  5. 대한인국민회 하와이지방 총회 태극기 (1909년) … 127
  6. 유니언 밀 교회 태극기 (1909년) … 128
  7. 파파알로아 교회(Papaaloa Church) 태극기 (1910년) … 128
  8. 김이제 목사와 마카벨리 교회 태극기 (1911년) … 129
  9. 대한인국민회 하와이 지방총회와 태극기 (1915년) … 129
  10. 대한인국민회 발행 독립선언서와 태극기 (1919년) … 130

I. 1903년~1918년의 태극기 … 131
  1. "대한 지계아문 토지문서"의 태극기 (1903년) … 131
  2. 프랑스 화보 주간지 「르 펠르항(Le Pelerin)」 태극기 (1904년) … 132
  3. 만주 명동마을의 '막새기와' 태극기 (1906년 이후) … 133
  4. 원산 남산동교회 태극기 (1906년) … 134

5. 동덕여대 소장 태극기 (1906년) … 135
　　6. 불원복(不遠復) 태극기 (1906년) … 136
　　7. 전남 구례 호양학교 '동종(銅鐘)' 태극기 … 137
　　8. 융희(隆熙) 황제 즉위 축하 어진(御眞) 엽서의 태극기 (1907년) … 138
　　9. 『태극학보』의 태극기 (1906년 8월~1908년 12월) … 139
　　10. 게일(Gale) 선교사 환영 인파 속의 태극기 (1907년) … 140
　　11. 불변가(지금의 애국가) 태극기 (1908년) … 141
　　12. 의친왕과 영친왕 엽서 태극기 (1909년 8월 10일) … 142
　　13. 안중근 의사 태극 엽서 (1910년) … 143
　　14. 성서공회(聖書公會) 단력(單曆) 태극기 (1910년) … 145
　　15. '제럴드 본 위크 목사' 태극기 (1910년 경) … 147
　　16. '대조선 국민단' 단원 수첩의 태극기 (1910년) … 148
　　17. 한일병탄 기념엽서 속의 태극기 (1910년) … 150
　　18. 워싱턴 대한제국 공사관 건물에 게양된 태극기 (1910년) … 151
　　19. 세계적십자 가입 기념 나무 포스터 태극기 (1913년) … 152

J. 1919년 3·1만세운동 … 154
　　1. 3·1만세운동 당시의 목재 원판 태극기 (1919년) … 154
　　2. 평양 숭실학교 시위 태극기 (1919년) … 156
　　3. 진관사(津寬寺) 태극기 (1919년 즈음) … 157
　　4. 김세영 태극기 (1919년 3월 18일) … 159
　　5. 남상락 자수 태극기 (1919년 4월) … 160
　　6. 미주(美洲) 지역 3·1 만세운동 태극기 (1919년) … 161
　　7. 미주(美洲) 지역 발행 '대한독립선언서'의 태극기 (1919년) … 162
　　8. 하와이 대한인국민회 발행 '대한독립운동비 의연금 증서' (1919년) … 164
　　9. 『KOREA REVIEW』의 태극 문양 (1919년) / 165
　　10. 프랑스에서 발행한 '독립선언서' 및 '간행물'의 태극기 (1919년, 1920년) … 166
　　11. 〈독립신문〉의 태극기 (3·1절 기념호, 49호, 1920년) … 169
　　12. '영문 독립선언서'의 태극기 (1921년) … 170

    13. 러시아 블라디보스토크 3·1운동과 태극기 (1919년, 1920년) … 171
    14. '하와이 대한부인구제회 증서'의 태극기 (1921년) … 172

K. 임시정부 태극기 … 173
    1. 대한민국 임시정부의 '독립선언 기념식장' 태극기 (1920년, 1921년) … 173
    2. 이승만 대통령 환영회의 태극기 (1920년) … 176
    3. 대한민국 임시정부 및 임시의정원 신년축하식 태극기 (1920년, 1921년) … 177
    4. 대한민국 임시정부 국무위원 최창식 태극기 (1919년경) … 179
    5. 임시정부와 구미위원부 발행 공채 및 영수증의 태극기 (1920년) … 180
    6. '독립군 진군기'의 태극기 (1920년대) … 182
    7. 독립군 '피 묻은' 태극기 … 183
    8. 신규식 태극기 (1921년) … 184

L. 서기 1922년~1942년 … 185
    1. 3·1독립선언 경축식(3주기) 식순 (1922년) … 185
    2. 대한민국 임시의정원 태극기 (1923년 제작) … 186
    3. 상하이 대한민국 임시정부 국무회의실 태극기 … 187
    4. 김상옥 열사 태극기 (1923년) … 188
    5. 광주학생운동 이두석 태극기 (1929년) … 189
    6. 뉴욕 월드프 아스토리아호텔 게양 태극기 (1930년 제작 추정) … 190
    7. 대한독립만세(大韓獨立萬歲) 태극기 (1930년 제작 추정) … 192
    8. 한인애국단장 김구 선생과 단원들 사진 속의 태극기 (1932년) … 193
    9. 김구 주석 서명 태극기 (1941년) … 197

M. 한국광복군 태극기 (1940년~1942년) … 198
    1. 한국광복군 총사령부 태극기 (1940년) … 198
    2. 한국광복군 제5지대 성립 기념 태극기 (1940년) … 200
    3. 한국광복군 제1지대, 제2지대 대원과 태극기 (1940년) … 201

N. 일제강점기 말기의 태극기 (1943년 ~1945년) … 202
  1. 한인국방경위대(California Korean Reserve, 韓人警衛隊) … 202
  2. 인도·버마(미얀마) 전선에 파견된 광복군 태극기 (1943년) … 204
  3. '재화(在華) 자유한인대회'의 태극기 (1943년) … 205
  4. 카이로 선언 경축 미국 체신부 발행 우표 (1944년) … 207
  5. 일제강점기 말기 미(美) 우체국 '초일봉투'의 태극기 (1944년) … 208
  6. 한국광복군 서명문 태극기 (1945년) … 209

O. 1945년 8·15 광복, 대한민국 정부수립 … 210
  1. 광복 직후 태극기 … 210
  2. 건국준비위원회 태극기 (1945년) … 211
  3. 미(美) 군정(軍政) 시기의 태극기 (1945년 11월 17일) … 213
  4. 대한민국 임시정부 환국(還國) 기념 태극기 (1945년 11월 3일) … 214
  5. 환국(還國)을 준비하는 김구 선생, 중국 상해 (1945년) … 215
  6. 1946년 3·1절 기념식장의 김구 주석과 태극기 (1946년 3월 1일) … 217
  7. 평양 모란봉극장, 김구 선생과 태극기 (1948년 4월 22일) … 219
  8. 조선 우표와 태극기 (1946~1950년) … 220
  9. 대한민국 정부수립 경축식 (1948년 8월 15일) … 229

P. 국기 제정위원회에서 제작한 태극기 … 231
  1. 태극기 제작의 역사 … 231
  2. 1949년 정부가 제정한 대한민국 태극기 (1949년 10월 15일 제정) … 236
  3. 1997년 정부 제정 대한민국 태극기 (1997년 10월 25일 제정) … 237
  4. 북한의 '태극기' 사용 … 237

Q. 바로 잡아 보려는 태극기 '도안', 몇 가지 '시안(試案)' … 239
  1. 백문섭(白紋燮)의 태극기 … 239
  2. 장경하(張炅夏)의 태극기 … 240
  3. 오재춘(吳在椿)의 태극음양도해(太極陰陽圖解) … 242

4. 전세룡의 태극기 … 243
5. 구필회가 주장하는 원(元) 태극기 … 245
6. '문왕 후천 팔괘 방위도(文王后天八卦方位圖)' … 246

R. 태극기의 뜻 … 247
 1. 흰 바탕 … 247
 2. 태극기에는 청(靑)·황(黃)·적(赤)·백(白)·흑(黑) 5색이 있다 … 248
 3. '태극(太極, ☯)'이란? … 248
  1) 『주역』·「계사상전(繫辭上傳)」의 태극 원리. 복희팔괘도 … 248
   ① 태극은 하늘과 땅이다.
   ② 태극은 음양이다.
   ③ 태극은 남자와 여자다.
 4. 주렴계(周濂溪)의 '태극도설' … 250
 5. 양의(兩儀, 陰陽) … 251
 6. 팔괘(八卦) … 252
 7. 건(乾)·곤(坤)·감(坎)·리(離), 4괘(卦)는 무슨 뜻인가? … 253
 8. 기독교(그리스도교)와 태극기 … 255
  1) '솔내교회'의 국기 게양대 … 255
  2) 강화 교항동교회 성탄절(1898년) 경축 … 255
  3) 만주 '명동마을'의 '기와 태극기' … 256
  4) 성서공회(聖書公會) 단력(單曆) 태극기 … 257

S. 결어 … 258

■ 참고문헌 목록 … 264

태극기를 바로 알자

2002년에 FIFA월드컵이 한국과 일본에서 열릴 당시, 우리나라 방방곡곡에 태극기가 파도처럼 물결치는 것을 실감한 적이 있었다. 그래서 그 당시 월드컵이 우리 사회에 미친 가장 큰 영향 중의 하나가 '태극기의 재발견'이라는 평가가 나오기도 했다.

한국이 16강에 오르자 거리에는 태극기를 온몸에 두르는 것은 물론이고, 심지어는 태극기를 가위로 오리고, 바늘로 꿰매고, 재봉틀로 박음질해서 만든 '태극기 셔츠'를 입고 길거리에서 "대~한민국~!"을 목청껏 외치는 이들이 허다했다. 그뿐만 아니라 태극기를 이용해서 만든 스커트, 원피스, 티셔츠, 탱크톱, 망토, 스카프, 두건, 수영복, 웨딩드레스, 문신에 이르기까지 태극기 물결이 흘러넘쳤다. 월드컵 기간 중인 6월 한 달 동안 2,300만 개의 태극기가 팔린 것으로 추정되고 있다.

그 당시 '행자부(지금의 행정안전부)'에서는 '태극기의 존엄성'에 관한 관계 법령을 개정하여 태극기로 치마를 해서 입고 다니며 깔고 앉아도 무방하고, 더 나아가 태극기 속옷, 양말까지 만들어 쓸 수 있도록 하려는 움직임을 보이기도 했다. 그렇게 되었다면 아마도 집집마다 빨랫줄에 태극기 속옷이 펄럭이게 되었을지도 모를 일이다.

〈민주신문, 2003년 6월 29일자〉

〈민주신문, 2003년 6월 29일자〉

그런데 월드컵이 막을 내리고 두어 주간 지나서 곧 바로 제헌절이 왔다. 국경일을 맞이하여 대문 앞에 태극기를 게양하려고 문밖에 나와 보니, 내가 사는 동네 골목거리 수백 호 시야에는 태극기를 내건 곳이 두세 곳밖에는 보이지 않았으며, 강남구 잠원동의 한 아파트 단지에서는 단 1가구만이 태극기를 게양하고 있었다.

2003년 7월 17일 제헌절(국경일)에 〈조선일보〉가 서울에 거주하는 청와대 보좌진과 각 부처의 장관들, 그리고 국회의원 가운데 71명의 집을 일일이 찾아가 태극기 게양 여부를 직접 확인해 본 결과, 국회의원 55명 가운데 태극기가 걸린 집은 14곳으로 25%에 지나지 않았고, 국무위원 12명 중 11명이 국기를 게양하였다고 보도했다.[1]

태극기가 물결치던 일이 보름도 채 지나지 않아서 맞이한 국경일에 일어난 이런 현상을 도대체 어떻게 이해해야 할까? 의아하지 않을 수 없다. 또 한편, 우리나라 사람으로서 과연 '태극기'의 의미를 제대로 알고 있는 사람이 몇 명이나 있을까? 그런 생각이 뇌리에서 떠나지 않았다.

사실 세계 수백 개 나라의 국기 가운데서 우리나라 태극기처럼 그 뜻을 알기 어려운 국기는 흔치 않다. 주역에 근거한 '팔괘'와 '태극 이론'을 이해하지 않고는 도저히 그 뜻을 알 수 없기 때문이다.

---

1) 〈조선일보〉(2003년 7월 18일 기사)

A. 잘못 그린 태극기, 잘못 게양된 태극기

태극기를 게양한 경우에도 상당수가 잘못 그려진 태극기를 걸거나, 또는 태극기를 거꾸로 거는 등 잘못 게양하는 경우를 종종 보게 된다. 태극기 도형도 제대로 그리지 않았고, 음양의 상하 배치, 방향, 그리고 괘의 배열 등이 잘못 되어 있기도 하며, 게양할 때 거꾸로 매달기도 하는 등 종종 오류가 발생하고 있다. 그러므로, 태극기에 대한 이해와 활용에 세심한 주의를 기울이지 않으면 아니 된다.

청와대가 두 달 넘게 엉터리 태극기 내걸었다니

청와대가 태극 문양이 거꾸로 그려진 태극기를 지난 4월 부터 노무현 대통령의 對대국민 映像영상메시지들의 배경에 줄곧 내보내 온 것으로 밝혀졌다. 청와대는 대통령 메시지 촬영 공간에 이 태극기를 배경용으로 내걸어 뒀다가 지난달 27일 국회에 주요 법안 처리를 촉구하는 대통령 담화를 본 시민의 지적을 받고서야 치웠다. 나라의 망신이고 국민이 얼굴을 들기 어려운 일이 벌어진 것이다.

청와대측은 영상메시지 화면 크기에 맞춰 手製수제 태극기를 주문하면서 착오가 있었다고 밝혔다. 대통령 오른쪽에 큼직하게 찍혀 나갈 태극기가 제대로 그려졌는지 확인한 사람이 단 한 명도 없었다고 자백한 셈이다. 제대로 그려졌는지 잘못 그려졌는지를 판단할 능력조차 없었다는 것이 정확한 판단일 것이다. 그러나 판단 능력은 없어도 관심만 있었더라면 태극 문양 그리는 법을 자세히 정한 국기에 관한 규정도 들춰보고 잘잘못을 가려낼 수 있었을 것이다.

국기는 그 국가의 권위와 존엄을 表象표상하는 상징이다. 국기를 존중하는 것은 국기가 상징하는 나라를 사랑하고 나라의 기본인 헌법을 준수하며 나라를 수호하는 의무를 다하겠다고 다짐하는 마음의 표시다. 대통령令령인 국기에 관한 규정을 법으로 승격시켜 오는 27일 發效발효되는 국기법도 '국가와 지방자치단체는 국기의 제작·게양, 관리 등에 있어서 국가의 존엄성이 유지될 수 있도록 필요한 조치를 강구해야 한다'고 정했다. 그 국기법 발효를 코앞에 두고 국가의 중심인 청와대가 엉터리 태극기를 몇 달간이나 걸고, 그 앞에서 대한민국 대통령이 대국민 담화를 발표하는 모습을 나라 안팎에 내보내는 어처구니없는 일을 저지르고도 슬그머니 현장을 치우는 것으로 끝내려 한 것이다.

그런 이 정권이 35년을 이어 온 '국기에 대한 맹세'를 없애고 바꾸겠다 하고 있다. 지난해 여당은 국기에 관한 규정의 '국기에 대한 맹세' 의무조항을 새 국기법에서 빼도록 만들었다. 그러나 정부가 국기법 시행령 제정을 앞두고 최근 실시한 여론조사에선 '국기에 대한 맹세'를 '계속 둬야 한다'는 국민이 76%로 폐지 의견 15%를 압도했다. 결국 정부도 맹세문 문구의 수정 쪽으로 방향을 바꾸고 있다. 결국은 이 모든 일이 태극기와 태극기가 상징하는 대한민국을 사랑하고 대한민국에 충성할 각오가 돼 있느냐는 마음의 문제로 돌아가는 것이다.

〈조선일보, 2007년 7월 3일자〉

이스라엘 청사 엉터리 태극기·낡은 의전차량
중동 방문길 홀대당한 宋외교

중동 방문길에 나선 송민순 외교통상부 장관이 이스라엘에서 홀대를 받았다. 송 장관이 2일 예루살렘의 이스라엘 외무부를 방문할 때 청사 입구에는 잘못 그려진 태극기가 내걸려 있었다.

이스라엘측이 직접 만들었다는 이 태극기는 건·곤·감·이 사괘가 뒤죽박죽으로 돼 있었다.

송 장관이 이스라엘 국경에서 예루살렘까지 이동하는 동안 이용한 차량도 의전용으로 보기 어려울 정도로 낡아 관계자들의 눈살을 찌푸리게 했다. 이스라엘측이 제공한 볼보 차량은 왼편 앞문쪽에 긁힌 자국이 있었고 'VOLVO'라는 엠블럼의 'V'자가 떨어져나간 상태였다.

또 차량은 굽은 언덕길을 내려오다 갑자기 오른쪽 앞바퀴에 펑크가 났다. 고속으로 달리고 있었다면 큰 사고를 당할 뻔한 상황이었다. 송 장관은 경호차량으로 옮겨타야 했다. 반면 송 장관은 앞서 방문한 팔레스타인에서는 환대를 받았다.

이스라엘의 결례를 두고 일각에서는 팔레스타인을 먼저 방문한 데 대한 불쾌감의 표시라는 해석이 나오고 있다. 하지만 외교부 당국자는 "태극기와 의전 차량 모두 우발적으로 발생한

송민순 외교부장관의 2일 이스라엘 외무부 방문시 청사에 내걸린 태극기. 건·곤·감·이 사괘가 대각선으로 바뀌어 제작돼 있다. 연합뉴스

것으로 이해된다"며 "이스라엘측이 의전 실수에 대해 유감을 표명해왔다"고 말했다. 남혁상 기자, 예루살렘=연합뉴스

〈국민일보, 2007년 12월 4일〉

한마당

태극기 휘날리기

김대중 전 대통령 국장을 마친 뒤 태극기가 화제가 되었다. 고인의 관을 덮은 태극기를 함께 매장했으나 뒤늦게 행정안전부가 위법임을 알고 회수해 유족에게 돌려준 것이다. 2007년 제정된 '대한민국 국기법' 제10조는 '국기를 영구(靈柩)와 함께 매장해서는 안 된다'고 규정했다. 마침 인부들이 저녁식사를 하느라 봉분 작업에 들어가지 않아 밤 8시10분쯤 태극기를 쉽게 회수했다.

임종 며칠 전 병원을 찾음으로써 DJ와 역사적 화해를 한 김영삼 전 대통령이 국장 기간 내내 서울 상도동 자택에 조기를 게양한 일도 화제다. YS는 국장 확정 다음날인 20일 아침운동을 나서면서 조기 게양을 지시했다는 것. 또 이웃집 가운데 조기를 게양한 집이 없는 걸 보고 서운하다는 심경을 주변에 밝혔다고 한다.

필자가 23일 정오 무렵 동네 아파트를 살펴보니 조기를 단 집은 네 집뿐이었다. 전체 407가구의 1%에도 못 미친다. 국경일에 내걸리는 수보다도 적었다. 정치적 이유라기보다는 국기 없는 집이 대부분이어서가 아닐까라고 생각해보았다.

가정용 태극기, 정말 귀(貴)하다. 어디 가야 살 수 있는지 알 수가 없다. 국경일이나 기념일이 다가와야 깃발 보따리를 멘 행상이 독립운동하듯 골목을 돌아다닌다. 인터넷우체국이나 다른 사이트에서 구입할 수 있다는 걸 알기까지 소요되는 시간이 적지 않다. 태극기 민원이 많아서 정부는 2007년 8월부터는 읍·면·동사무소에서도 팔도록 했다. 깃봉을 포함해 6000원. 포털사이트 다음의 아고라에는 '편의점과 마트에서도 태극기를 팔도록 하자'는 청원이 1년 전부터 올라 있는데 참여한 사람은 어제까지 단 한 명도 없다.

1988년 서울올림픽을 앞두고 김용갑 총무처장관은 이색 제안을 했다. 태극기 디자인을 활용해 다양한 상품을 만들어 사용하면 애국심도 키우고 나라 홍보도 된다는 주장이다. 태극기 무늬의 팬티를 만들어 입어도 좋을 것이라고까지 했다. 그가 육군사관학교 출신 예비역 장군임을 감안할 때 정말 뒤집어지는 발상이다. 그의 아이디어는 한참 지난 2002년 월드컵에서 태극기를 몸에 휘감은 여인들, 태극기 두건, 태극기 페이스 페인팅 등으로 꽃피었다.

국기는 경원(敬遠)하기보다는 비근(卑近)한 게 낫다. 국기법은 국기를 '매일·24시간' 게양할 수 있도록 했다.

문일 논설위원 norway@kmib.co.kr

〈국민일보, 2009년 8월 24일〉

B. 우리 고래(古來)의 태극 문양

1. 우리 고래(古來)의 3태극(三太極) 문양

1) '3태극'은 예부터 내려온 우리의 문양이다.

'3태극'은 중국의 '태극, 음양 2기론'과는 다른 우리 고유의 고래(古來) 사상이다. 유가(儒家)의 주역 사상에서는 '음양 2기(陰陽二氣)'에서 발전하는 사상(四象)→ 팔괘(八卦)로 풀이한다. 주렴계(周濂溪)의 태극도설(太極圖說)도 '무극이태극(無極而太極)'과 음양오행(陰陽五行) 사상이다. 그런데 우리에게는 3태극(三太極) 사상이 오랜 시절부터 있었다.

'3태극'의 원리는 '하늘[天]·땅[地]·사람[人]' 삼재(三才)를 기본으로 하고 있다. 곧, 천도(天道)·지도(地道)·인도(人道)를 나타낸다. 물론, 중국 사상에서도 유가류(儒家類)가 아닌 비주류 사상가들인 '노자(老子)'나 '회남자(淮南子)'에는 '음양 2기론'이 아닌 '3기(三氣)' 사상이 있다. 『회남자』「천문훈(天文訓)」에는 "천지(天地)의 '정(精)'이라는 요소가 작동하여 '음양(陰陽)'과 '사계절', 그리고 '불(火)' '물(水)' '태양' '달' '별들'이 이루어졌다"고 했다.[2] 『노자』에도 우주 만물의 생성 기원과 전개 과정에 대하여,[3] 만물의 근원 본체를 '도(道)'라 하고,

---

[2] 유안 편저(안길환 편역), 『회남자 上』, 117 ; 『회남자』는 만물의 생성기원의 전개 과정을 이렇게 설명한다. "도(道)는 하나(一)에서 시작된다[道始於一]. 그렇지만, 하나(一)로는 아무 것도 낳을 수가 없다[一而不生]. 그래서 하나가 나뉘어 음(陰)과 양(陽)이 되고[故分而爲陰陽], 음과 양이 화합하여 만물을 이룬다[陰陽和合而萬物生]." 김종수 역, 『강독 회남자』(서울: 민속원, 2010) 68-69.

[3] 『노자』에게 있어서 우주의 근원인 도(道)가 일동일정(一動一靜)하여서 음양이기(陰陽二氣)가 생기고, 음양이기가 서로 교합하면서 제3의 요소인 '충(冲)' 또는 '정(靜)'이 발동하여 이 3요소에 '오행'이 작동하여 서로 교합 또는 견제하면서 3단계로 변전하며 다양하게 만물을 낳는다고 설명하였다. "도(道)가 一을 낳고, 一이 二를 낳고, 二가 三을 낳고, 三이 만물을 낳았다[道生一, 一生二, 二生三, 三生萬物]." 노태준, 『도덕경 노자』(서울: 홍신문화사, 2002)

이 '도(道)'에서 음양이 갈리기 전에 '일기(一氣)'가 나왔고, 그 '일기(一氣)'가 '음양(陰陽) 이기(二氣)'로 갈라졌고, 이 '이기(二氣)'가 '충기(沖氣)'를 아울러 3기(氣)로 분화되었고, 음(陰)을 지닌 만물은 양(陽)을 포용하면서 '충기(沖氣)'와 혼연히 하나로 화합하면서〔萬物負陰而抱陽만물부음이포양, 沖氣以爲和충기이위화〕[4] '음(陰)·양(陽)·충(沖)' 3기(氣)가 천태만상의 변화를 일으켜 만물을 형성한다〔노자 42장〕고 풀이하였다.

한편 우리의 옛 3태극 문양은 그 형상이 여러 곳에 남아 있다.

2) 3태극 문양의 유적들

① 1400년 전의 나주 복암리 유적(538-660년).
② 경주 월성리 감은사지 유적(682년).
③ 신라 미추왕릉 출토 경주 계림로 황검 보검의 콧등이 문양.
④ 충주 예성 신방석 태극 문양(1277년).
⑤ 회암사지 석조계단의 문양(고려 충숙왕 창건, 경기도 양주, 1313-1329년).
⑥ 고려 공민왕릉 석재의 태극 문양(1365년).
⑦ 조선 태조 건원릉 정자각 신계단 태극문양(1398년).
⑧ 표충사 대광전 문양.
⑨ 동대문 흥인지문(興仁之門)의 외부 장식.
⑩ 종묘 정전 나무 기둥의 3태극 문양(1608년).
⑪ 종각의 3태극 문양.
⑫ 남한산성 현절사 대문의 3태극 문양.
⑬ 홍릉의 문양.
⑭ 향교의 정문 문양.
⑮ 여인들이 사용하던 '색실 함' '반지그릇' 등의 3태극 문양.

---

4) 노태준,『도덕경 노자』159.

2. 오래된 '태극' 문양들

1) 전라남도 나주 복암리에서 발굴된 1,400년 전 태극 문양

지금까지 발견된 태극 문양 중 가장 오래된 것은 2009년에 발굴한 전남 나주시 복암리 고분군 주변 제찰 유적 구덩이에서 발굴한 태극 문양 목제품 한 쌍이다.5) 칼 모양의 목제품 한 쌍에는 태극문양과 함께 묵서(붓글씨)가 적혀 있다. 이 태극문 목제품은 지금으로부터 1,400여 년 전, 백제 사비시기(538-660년)인 7세기 초반에 사용된 의례용 도구에 새겨진 문양이다.

〈국민일보, 2009년 6월 4일자〉

---

5) 정종목, 『역사스페셜』(서울; 효형출판, 2000) 234쪽 ; 〈국민일보〉(2009년 6월 4일)

2) 감은사지 석단(石壇) 기대석(基臺石)의 '3태극' 문양

1959년 12월에 국립박물관이 발굴한 신라시대의 절인 감은사지(感恩寺址)[6]의 기대석(基臺石)에는 '3태극 문양' 새겨져 있다.

신라의 30대 문무왕은 삼국이 통일된 후, 바다 건너 일본의 침략이 염려되어 이를 예방하며 진압의 목적으로 경북 월성군 양북면 용당리의 용담마을에 감은사를 짓기 시작했다. 하지만 뜻을 다 이루지 못하고 명을 다하여 바다의 용(龍)이 되었다고 한다. 그의 아들 신문왕(神文王)이 뒤를 이어 왕위에 올라 부왕(父王)의 명복을 빌며 감은사의 금당(金堂) 초석(礎石) 밑에 동해를 향하여 긴 공혈(孔穴)을 만들어서 용이 수시로 드나들 수 있도록 구축하였다.[7] 그런데 오랜 세월 병화(兵火)를 겪으면서 절은 불타버리고 절터[寺址] 양쪽에 두 개의 석탑만이 남아 있다. 그런데 국립박물관에서 1959년 12월, 이 절터를 발굴하면서 금당 밑 기단(基壇)의 동남쪽 전면에서 큰 석재 하나를 발견하였다. 이 석재의 전면에는 완연한 3태극 문양이 새겨져 있었다. 감은사의 창건 연대를 서기 682년으로 볼 때,[8] 이는 주렴계 태극도설 이론의 발표보다 388년이나 앞서는 것으로 우리 고유의 태극 사상은 3태극에 기인하고 있음을 알 수 있다.

〈감은사지 기단석 3태극문양, 한겨레신문, 2022년 10월 24일〉

---

6) 경북 월성군 양북면 용당리에 있다.
7) 感恩寺寺中記 ; 백광하, 『태극기』(서울; 동양수리연구소출판부, 1965) 26.
8) 白紋燮, 『올바른 태극기 해설』(서울; 보경문화사, 2000) 30.

3) 그 외의 태극 문양 ; 사진자료

〈경주14호고분군에서 출토된 5~6세기 보검 태극문양, 경주국립박물관〉

〈백제, 수막새 3태극문, 국립부여박물관〉

〈백제, 상자모양벽돌 3태극형문양, 국립부여박물관〉

〈고구려, 개마총 현실 서벽 천정받침1층의 문양, 국립중앙박물관〉

〈충주 예성 신방석 태극문양(1277년), 충주박물관〉

〈회암사 터 돌계단, 태극문양, 1313-1329년〉

⟨고려 공민왕릉 석재의 태극문양, 1365년⟩

⟨조선 태조 건원릉 정자각 신계단 태극문양, 1398년⟩

B. 우리 고래(古來)의 태극 문양 | 27

〈표충사 대광전 궁창의 3태극문양, 출처; 불교신문, 2005년 3월 30일자〉

〈경복궁 강녕전 돌계단 3태극문양〉

〈경복궁 근정전 서쪽 돌계단의 3태극문양〉[9]

---

9) 국가유산청
http://www.cha.go.kr/cultural_info/cultural_guide/pa_gyeongbok.jsp?catmenu=IS_01_02_04

C. 태극문양의 다양한 변형

1. 주역의 원리에서 나온 태극 구도(構圖) (後述)

2. 전라남도 나주 복암리에서 1,400년 전 태극 문양 발견
   (앞에서 이미 해설)

3. 천지자연지도(天地自然之圖)

〈천지자연지도(天地自然之圖)〉

　중국에서 태극기의 태극도와 같은 태극도형이 처음 나온 것은 송(宋)나라의 조휘겸(趙撝謙)이 전했다는 '천지자연지도'라고 한다.10) 이 그림은 소옹(邵雍, 1011-1077)의 '복희팔괘방위도'의 팔괘 배열을 그대로 따랐으나, 각 방위에 팔

---

10) 白紋雙, 『올바른 태극기 해설』 47. ; '김상섭'은 '조휘겸'을 명나라 초기 인물이라 했다. 조휘겸의 '천지자연지도'는 명초에 세상에 유행했다고 하는데, 조휘겸은 이 그림을 채원정(蔡元定)이라는 사람이 촉(蜀)의 은자(隱者)로부터 얻은 것이라고 한다. 김상섭, 『태극기의 정체』(서울; 동아시아, 2001) 56-57.

괘 그림을 배열하지 않고 팔괘의 이름과 각 괘의 음효 양효의 수만 써 놓고 있다. 또 소옹의 '복희팔괘방위도'에서 각 방위에 배열된 괘 이름은 그림 안에서 밖으로 향하도록 쓰여 있지만, '천지자연지도'에서는 원 밖에서 원 안으로 향하도록 쓰여 있다.

4. 주렴계의 태극도

『고문진보(古文眞寶)』에는 송나라 주렴계(周濂溪, 1017-1073)가 '태극'에 대해 철학적으로 해설한 '태극도'와 '태극도설'이 있다.

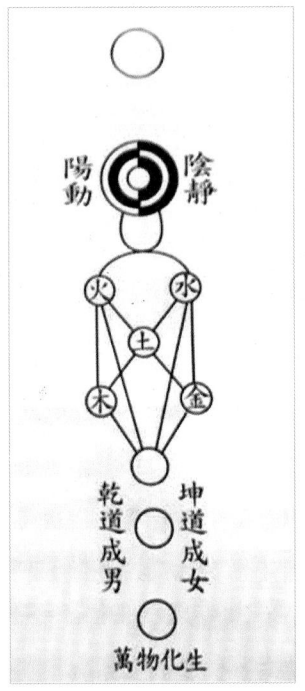

〈주렴계의 태극도〉

주렴계의 태극도형은 지금 우리가 사용하고 있는 태극기의 태극도형(☯)과는 그 모양이 다르나, 우리 태극기의 원리도 이 '태극도설'에 근거하여 설명해 왔다.11) 태극도설에 대해서는 후론하기로 한다.

5. 황공망(黃公望)의 '복희선천시획지도(伏羲先天始畵之圖)'12)

황공망은 원대(元代)의 도교 대사다. 『포일함삼비결(抱一函三祕訣)』이라는 저술이 있는데, 그 가운데 이 그림이 있다.

〈복희선천시획지도(伏羲先天始畵之圖)〉

---

11) 유홍렬 편, 『국사대사전』(서울; 교육도서, 1988) 1533.
12) 김상섭, 『태극기의 정체』 53.

이 그림은 가운데에 음양이 있고, 그 밖에는 8괘를 배치하고 이름을 배열하였다. 음양이 돌아가는 방향을 보면 음기는 건괘(乾卦)에서 자라서 태(兌)·리(離)·진(震)을 거쳐 곤괘(坤卦) 쪽으로, 양의 방향은 곤괘(坤卦)에서 자라서 간(艮)·감(坎)·손괘(巽卦)를 거쳐서 건괘 쪽으로 돌며, 음양의 머리에 음(陰)에는 흰 점(눈, 目)이, 양(陽)에는 검은 점(눈, 目)이 있다. 이런 구체적인 그림은 이전의 태극도에서는 찾아볼 수 없는 매우 구체적인 '태극8괘도'이다. 또한 '태극 그림'에서 음양에 흰 점과 검은 점을 그려 넣은 것은 이 그림으로부터 시작되었다.13)

7. 명나라 조중전(趙仲全)의 '고태극도(古太極圖)'14)

이 태극도는 오늘날 우리가 사용하고 있는 태극도형과 그 모형이 흡사하다.
호위의 『역도명변』(제3권)에 '천지자연지도'에 이어 '고태극도(古太極圖)'라는 그림이 있다. 이 그림은 명나라 초기 조중전의 『도학정종(道學正宗)』이라는 책에 실려 있다고 하는데, 누가 이 그림을 그렸는지는 알 수 없다.

'천지자연지도'와 큰 차이가 없으나, 다른 점이라면 각 방위에 팔괘의 그림을 배열했다는 것과 원 안에 선을 그어 음양의 그림을 여덟 부분으로 나누어 각 괘에 배열했다는 점이다.

이 그림은 '복희팔괘방위도'의 팔괘 배열에 따라 괘 이름은 바르게 배열되어 있으나 괘 그림이 잘못 그려져 있다. 즉, 동북의 진괘(震卦) 자리에 리괘(離卦)가 그려져 있고, 서북의 간괘(艮卦) 자리에 손괘(巽卦)가 그려져 있으며, 또 음양의 그림에서 흰색의 양기가 가장 극성한 건괘 아래의 점은 검은 색의 점이어야 하는데 흰색으로 되어 있다.15)

---

13) 송춘영, 『태극기의 어제와 오늘』(서울; 형설출판사, 2008) 63.
14) 白紋燮, 『올바른 태극기 해설』 48.
15) 김상섭, 『태극기의 정체』 62

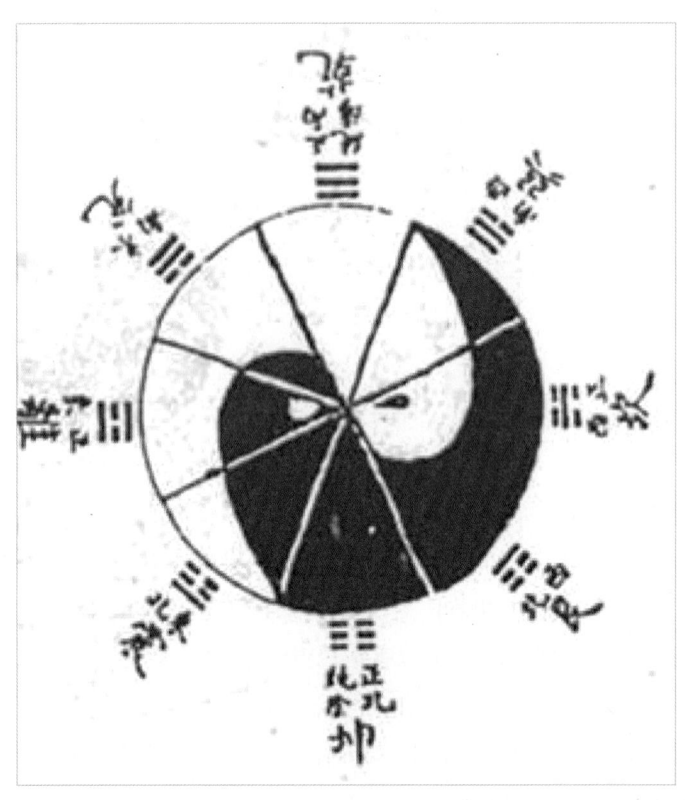

〈조중전(趙仲全)의 고태극도(古太極圖)〉

우리나라 태극기는 '고태극도'에서 태괘(兌卦), 진괘(震卦), 손괘(巽卦), 간괘(艮卦) 등 4괘를 생략해 버리고, 나머지 4괘 즉 건괘(乾卦), 리괘(離卦), 감괘(坎卦), 곤괘(坤卦)를 그대로 두되, 그림을 왼쪽 방향으로 45도 각도로 기울인 것이다. '고종(高宗)'이 '데니'에게 하사했던 태극기를 참조하면 이해하기 쉬울 것이다.

D. 태극이 들어간 깃발[旗]

1. 좌독기(坐纛旗) ; 박영효 태극기의 원형으로 추정되는 기

'좌독기'란 군(軍)의 총지휘관인 주장(主將) 즉 원수(元帥)를 상징하는 기(旗)이다.16) 왕이 참여하는 훈련에서는 총지휘관이 왕이기 때문에 교룡기(交龍旗)와 함께 왕을 나타낸다. 사각형 검은 비단 바탕에다가 한가운데 음양이 교차하는 태극도를 놓고, 사상(四象)과 8괘와 그 밖에 낙서(洛書)의 수(數)를 그렸다.

이 '좌독기' 문양은 애초의 박영효가 일본에 수신사로 갈 때 최초로 그렸다는 그 태극기의 원형과 거의 흡사하다. 이러한 이유로 박영효의 태극기는 창작품이 아니라 그 원형이 이미 사용되던 '좌독기'라고 추정하기에 충분하다.

행진할 때는 주장(主將)의 뒤에 세우고, 멈출 때는 장대(將臺)의 앞 왼편에 세웠다.17)「속병장도설(續兵將圖說)」에 좌독기에 대한 설명이 있다. 이 좌독기는 우리나라에서는 고려시대 때부터 내려오던 깃발이며, 1778년(정조 2년)에 왕의 수레 앞에 쓰던 깃발이다. 대한제국에서는 의장기로도 사용되었다.18)

이 '좌독기'는 이미 명나라에서 '중군(中軍) 좌독기'로 쓰인 바 있고, 임진왜란 때 우리나라 '삼도수군통제사'의 기함 판옥선에 그 문양이 나온다. 이 역시 우리나라의 독창적인 고유의 기(旗)가 아니고 중국의 것을 모방한 것이니 한스럽다. 당시 동아시아권 전역에서 공공연히 통용되던 깃발이었다고 한다.

---

16) 단국대학교 동양학연구소 편, 『漢韓大辭典(제0권)』(서울: 단국대학교 동양학연구소, 2008) 1532.
17) 세종대왕기념사업회 편, 『한국고전용어사전(제4권)』(서울: 세종대왕기념사업회, 2001) 934.
18) Na Jung Tai, 『역사의태극기展』(전시회 도록, 2008. 8. 13-8.26)

〈명(明)나라 좌독기(坐纛旗)〉

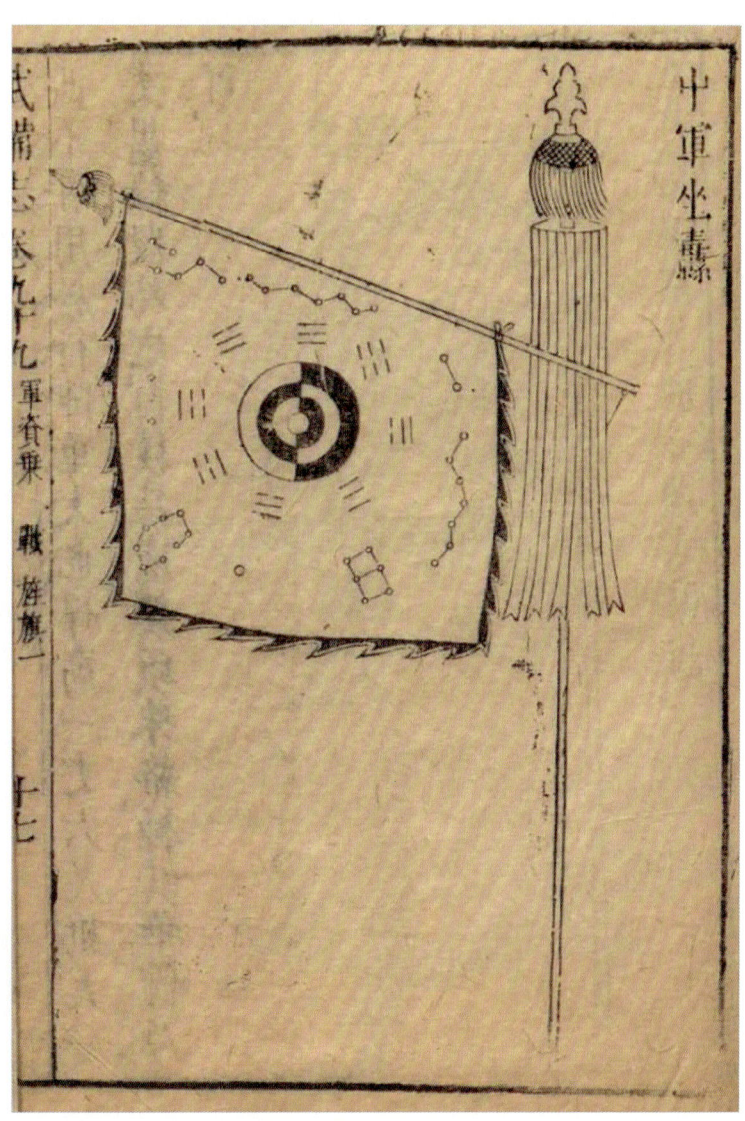

〈명(明)나라 무비지(武備志) 중군(中軍) 좌독기(坐纛旗)〉

D. 태극이 들어간 깃발[旗]

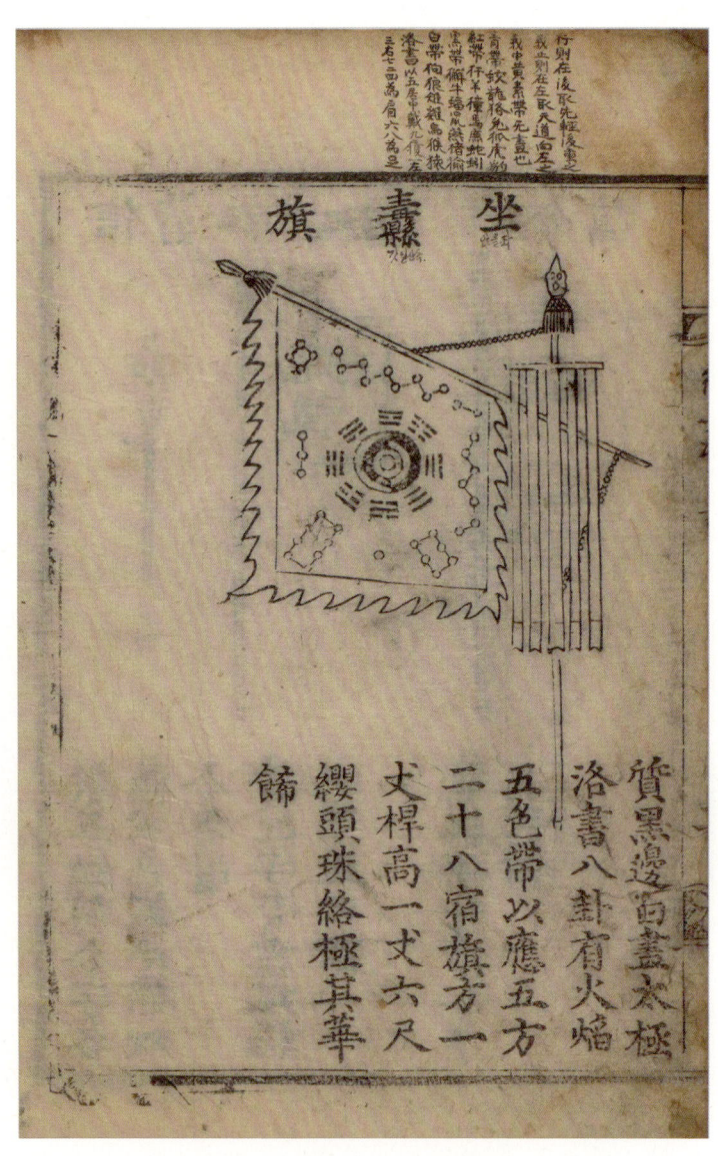

〈좌독기(坐纛旗)〉, 조선(朝鮮), 속병장도설(續兵將圖說) 수록〉

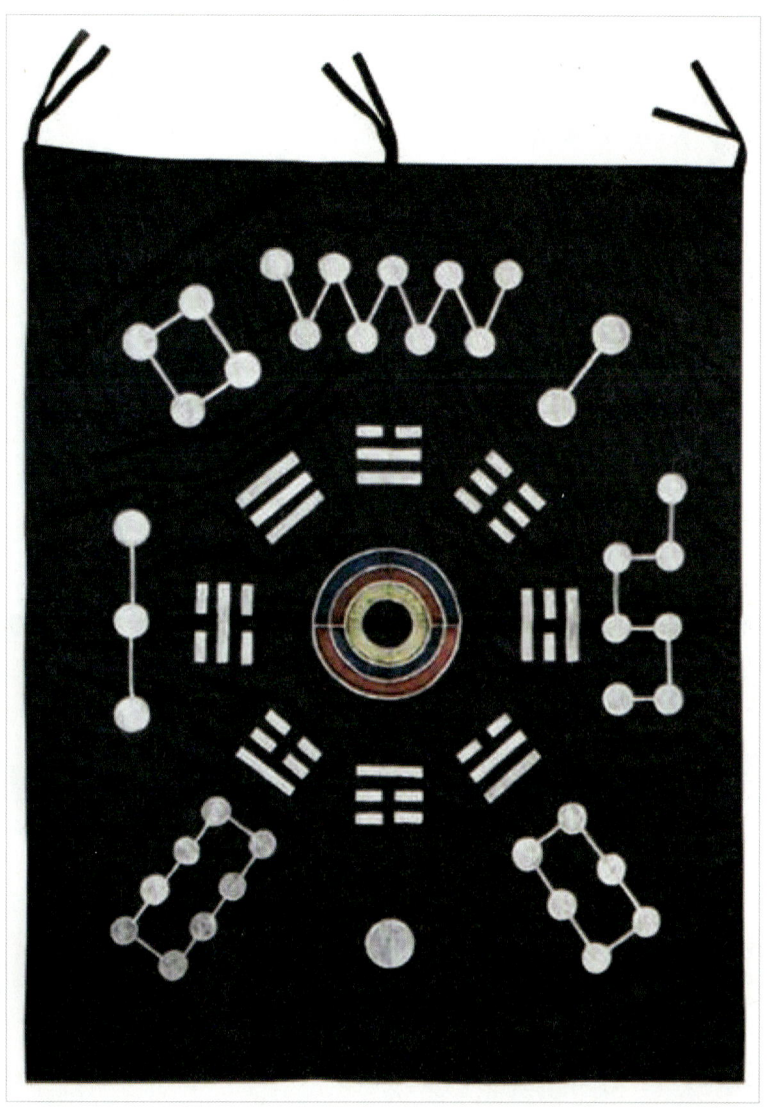

〈좌독기(坐纛旗)〉, 조선(朝鮮), 국립고궁박물관 소장본〉

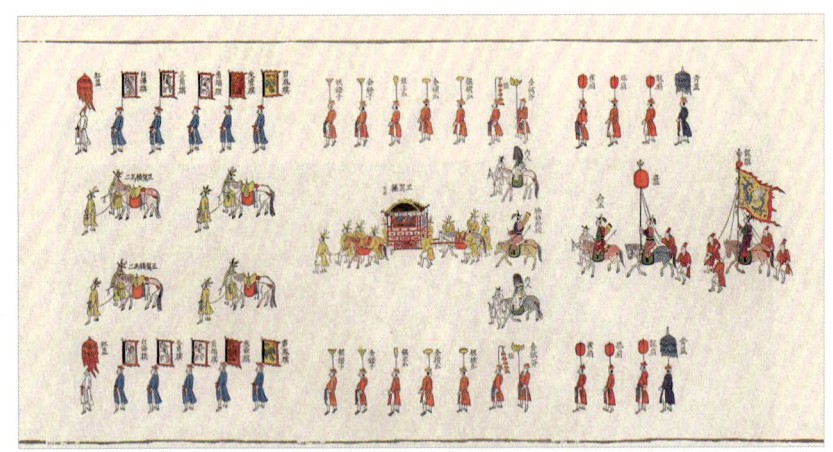

〈정조의 화성능행반차도, 어가행렬, 1795년〉

〈환어행렬도〉

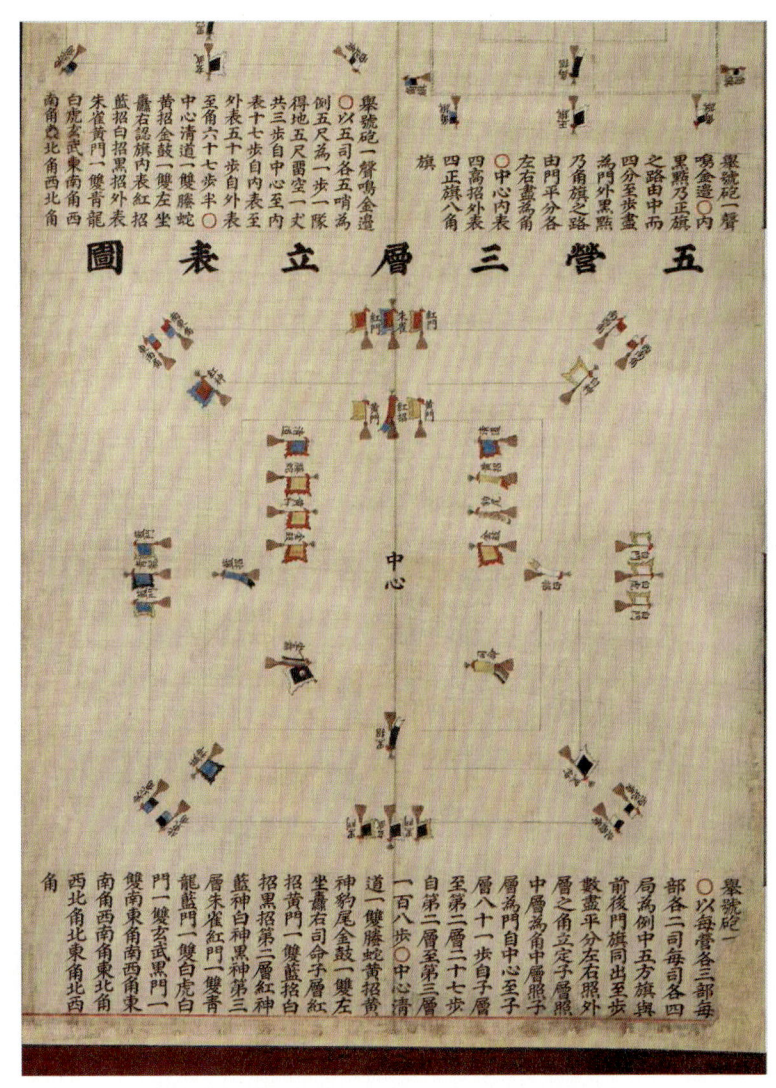

〈영진총도 병풍 중 '오영삼층입표도(五營三層立表圖)'〉[19]

---

19) 삼중으로 진영을 만든 모습을 깃발로 표현한 그림이다.

2. 임진왜란 거북선에 게양한 '태극기'

2013년 경남 통영 충렬사에 전시된 임진왜란 당시의 '수조도'에서 발견된 태극 문양의 그림이다. 가운데 좌선의 '원수(元帥)' 깃발 뒤쪽에 태극기가 꽂혀 있다. 가로 6m78cm, 세로 1m84cm 크기의 12폭 병풍에 548척의 전선이 빼곡하게 들어차 있는 그 한 가운데 있는 거북선에 꽂혀 있는 깃발 그림이다. 궁중화가 출신 정효원의 그림으로 알려져 있다.20) 우리나라 태극기의 원형을 보여주는 매우 중요한 자료다.

〈'통제영 수조도' 병풍 중 '원수 깃발' 뒤쪽 태극기〉21)

---

20) 〈국민일보〉(2013년 8월 3일 기사) 참조.
21) 자료 출처 : 〈국민일보〉(2013년 8월 3일).

3. 노량해전에서 전선(戰船)에 게양한 태극기[22]

　임진왜란에 참전했던 명(明)나라의 종군 화가가 그린 그림에 조선의 전선(戰船)과 함께 태극모양이 그려진 깃발이 있다. 그 '종군 화가'는 임진왜란의 마지막 전투인 노량해전에 참전한 뒤, 6.5m의 화폭에 시간상으로는 3개월, 거리로는 약 30km에 해당하는 전투 상황을 자세히 묘사한 그림을 그렸다. 바로 그 그림 가운데 태극기의 한 모형이 그려져 있다. 바탕은 노랑 바탕이며, 오늘날 태극기의 괘(卦)에 해당하는 위치인 네 귀퉁이에는 '구름 모양'의 문양이 그려져 있다. 이 태극기는 중국 선박과 일본의 선박으로부터 한국의 선박을 구별하기 위해 쓰인 국가 상징물로 보인다.

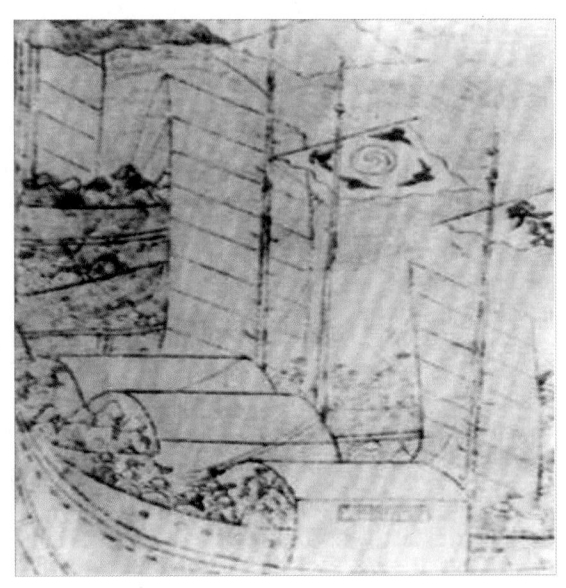

〈임진왜란 당시 태극기를 게양한 전선(戰船)〉

---

22) 사진과 기사 출처 : '임진왜란 때 태극기 단 戰船', 〈서울신문〉(1992년 11월 26일).

4. 영조 책봉례 청나라 사신 "봉사도(奉使圖)"의 태극기

〈청나라 사신 숙소 앞 태극 깃발, 봉사도(奉使圖)〉

〈영조의 청나라 사신 영접, 봉사도(奉使圖)〉

　조선 영조 때에 청나라 사신을 영접하는 그림에 '청나라 사신들이 거처한 숙소 앞에 태극 깃발 그림'이 있다. 가로 60cm, 세로 47cm인 이 〈봉사도〉 화첩 20장은 1998년 중국에서 발견되어 그해 7월 10일 우리나라에서도 공개했다. 사신단의 부사(副使) 아극돈(阿克敦, 1685-1756)의 작품이다. 사신들이 묵었던 숙소 풍경의 그림에 태극기 문양과 비슷한 그림이 있다.

이 태극 그림에는 상하로 '리괘(離卦)'와 '감괘(坎卦)' 두 괘만 배열되었고, 가운데 둥근 원 모양의 음양 그림의 위쪽은 검은색, 붉은색이 아래에 그려져 있고, 음양의 넓은 부분에는 각각 '하얀 점'이 있다.23)

〈봉사도(奉使圖)의 청나라 사신 숙소 앞 태극 깃발, 확대〉

---

23) 송춘영, 『태극기의 어제와 오늘』 14-17 ; 아극돈, 『봉사도』(요녕민족출판사, 1999) 40-41 重引.

D. 태극이 들어간 깃발[旗] | 45

5. 『통상장정성안휘편(通商章程成案彙編)』에 실려 있는 태극기

〈통상장정성안휘편(通商章程成案彙編)에 수록된 태극기〉

현재 '서울대 규장각'[24)]에 소장되어 있는 『통상장정성안휘편(通商章程成案彙編)』[25)]은 중국 정부가 외국과 맺은 조약과 외국 사신들의 서신 등, 청나

---

24) 1998년 1월 19일에 〈중앙일보〉 양지열 기자가 '서울대 규장각서 最古 태극기 발견'이라는 제목의 기사를 참조하라.
25) 1886년에 발간된 이홍장이 청나라와 외국이 맺은 조약을 유형별로 분류하여 편찬한 책인 『통상장정성안휘편(通商章程成案彙編)』에 실린 조선왕조의 국기. 이

라의 외교문서를 집대성한 책이다. 이 책의 마지막 부분인 '12책(冊) 30권(卷)'에는 당시 문서를 주고받은 나라의 국기 등 59종류의 국기가 소개되고 있는데, 그 중에는 우리나라의 태극기도 수록되어 있다. 그리고 태극기는 그림 위에 한자로 **'대청국속(大淸國屬) 고려국기(高麗國旗)'**라고 적혀 있어서 서글픈 생각이 든다.

『통상장정성안휘편(通商章程成案彙編)』에는 각국의 국기를 소개한 다음 여기에 덧붙여 '총리아문(總理衙門)'이 미국으로부터 받은 공문을 소개하고 있다. 그 내용은 다음과 같다.

>"각국 전의음기도설(傳意音旂圖說) 및 각국 상선(商船) 기식(旂式)에 부침. 총리아문(總理衙門)은 동치 13년(同治十三年, 1874년) 3월 19일에 미국 위대신(衛大臣)의 공문을 받았습니다. 그 내용은, '현재 각국이 모여서 정한 18개의 기(旗) 형식이 있으며, 각각의 기(旗)는 각기 다른 글자의 음(音)을 전달한다. 이는 서양에서 새로 만든, 항해 중 의사를 전하는 방식인데, 본국에서 해당 기(旗) 도안과 설명이 담긴 책자를 보내왔기에 이를 열람토록 제출하며, 중국의 선박 또한 이 기(旗)를 사용하여 규정에 따라 통신하도록 지시하라'는 것입니다. 이에 따라 해당 기(旗) 도안 사본 1부와 기(旗)에 대한 설명서 1부, 그리고 '위대신'의 원문 공문 1부를 함께 보냅니다. 귀 대신께서는 이를 참조하여 적절히 지시하시기를 바랍니다. 동치 13년(1874년) 5월 27일에 남양(南洋)・북양(北洋)에 통지함."[26]

책은 모두 '30卷, 12冊'이며 '광서(光緖) 12년, 1886년'에 발행되었다. 본 저서에 수록한 태극기와 '총리아문'이 미국으로부터 수신한 공문의 원문 출처는, 하버드대학교 도서관에서 소장하고 있는 자료이다. 다음을 참조하라.
https://babel.hathitrust.org/cgi/pt?id=hvd.32044068131853&seq=1622

26) 원문은 다음과 같다. "各國傳意音旂圖說附各國商船旂式. 總理衙門咨同治十三年三月十九日准美國衛大臣函稱現有各國會定十八面旂式每面各傳各字之音此泰西新擬行船運用傳意之法茲有本國寄到此式旂譜一本送呈查閱可飭中國輪船依法資用等語相應照給

위 글의 내용은 병선(兵船)과 상선(商船)이 항해할 때 국가를 식별하고 의사 전달을 위해 국제사회에서 사용되고 있는 국제신호서(國際信號書)를 미국 공사가 청나라 총리아문에 전달한 것이다.

당시 미국은 동아시아를 거대한 무역 상대국으로 보고 국제 관례상 필요한 국기를 수집하여 그 것을 국제신호서에 게재하여 사용하던 중 이미 외교관계가 수립된 중국에 국제신호서를 전달하여 항해 시에 활용하도록 한 것이다.

한편 『통상장정성안휘편(通商章程成案彙編)』의 본문에는 각국의 국기를 소개하기 전에 조선에서 보낸 자문(咨文)의27) 내용이 수록되어 있다. 그 내용은 다음과 같다.

> 9월 30일, 진해(津海)의 각 관서에 보내는 공문. "광서 9년(1883년) 2월 10일, 조선 국왕의 자문(咨文)에 따르면, 본국(조선)은 현재 여러 나라들과 수교를 맺고 있는 바, 모든 개항장에서는 통상이 가능하며, 장차 선박들이 왕래할 때는 반드시 국기를 세워 서로 식별할 수 있도록 해야 한다고 하였습니다. 이와 함께 국기를 하나 제작하고, 그 도안과 색상을 그려서 첨부하여 보내왔습니다. 이를 참고하여 확인하시기 바랍니다. 도안과 기(旗)의 색상을 명확히 하여 보관하게 하고, 아울러 관련 문서를 갖추어 회답해 주시기를 바랍니다. 기(旗) 도안 한 장을 첨부합니다. 이에 따라 본 관청은 이를 인가하였으며, 조처에 따라 각 항구에 공문을 보내 통지합니다." 광서 9년 2월 12일, 진해(津海)의 각 관서에 보내는 공문28)

旂譜一分照抄旂圖說一分並抄衛大臣原信一件咨行 貴大臣轉飭查照同治十三年五月二十七日咨北南洋." 출처는 하버드대학교 도서관에서 소장하고 있는 자료이다. https://babel.hathitrust.org/cgi/pt?id=hvd.32044068131853&seq=1622

27) 자문(咨文) : 조선시대에, 중국과 외교적인 교섭(交涉)·통보(通報)·조회(朝會)할 일이 있을 때에 주고받던 공식적인 외교문서.

28) 원문은 다음과 같다. "九月三十日札津海各關. 又札光緒九年二月初十日據朝鮮國王咨開敝邦現與各國修好所有港口之處均許通商將來船艦往來須立旂號以便認識茲製國旂一面圖繪形色以備查照除將圖畫旂色認明存案外上應備文咨會乞照驗施行并附旂圖一紙

이 문서의 내용에 따르면 조선에서는 1883년 2월 10일 이전에 이미 태극기를 제작되었음을 알 수 있다. 아울러 『승정원일기』에 따르면, 고종(高宗) 20년(1883년) 1월 27일에 '통리교섭통상사무아문(統理交涉通商事務衙門)'에서 "국기(國旗)를 이미 만들었으니, 팔도(八道)와 사도(四都)29)에 행회(行會)하여 알고 사용하도록 하는 것이 어떻겠습니까?"라고 청하자, 이를 윤허하는 전교를 내렸다는 내용이 나온다.30) 이 두 가지 자료를 함께 살펴보면, 『통상장정성안휘편(通商章程成案彙編)』에 수록된 태극기는 적어도 1883년(고종 20년) 1월 27일 이전에 이미 제작되었음을 알 수 있다.

E. 여러 가지 문양의 태극기

태극기의 문양은 일정한 형태가 아니고 여러 종류로 그려져 있다. 그렇게 된 것은 1882년 태극기를 처음 제정할 당시에 둥근 원형의 '태극'을 중앙에 두고, 모퉁이에는 주역(周易)의 괘(卦)를 배치하는 것을 국기로 삼은 것을 제외하고는 오늘과 같이 음양의 모양이나 괘의 위치, 색깔 등이 일정하지 않게 그려져 있기 때문이다.

이제 일정한 규격이 없이 그려진 여러 문양의 태극기들을 연대별로 소개해 보려고 한다.

等因到本署大臣准此除咨行外合行札飭光緒九年二月十二日札津海各關." 출처는 하버드대학교 도서관에서 소장하고 있는 자료이다.
https://babel.hathitrust.org/cgi/pt?id=hvd.32044068131853&seq=1622
29) 사도(四都) : 조선시대 유수(留守)를 두었던 4곳. 개성·광주(廣州)·수원·강화.
30) 원문은 다음과 같다. "統理交涉通商事務衙門啓曰, 國旗今旣製造, 行會八道·四都, 使之認驗擧行, 何如? 傳曰, 允." 『승정원일기』(고종 20년 1월 27일 기유己酉) 기사.

1. 규장각 소장, 어기(御旗) 태극기 (1882년)

1981년 4월, 서울대가 규장각의 고도서(古圖書) 목록을 작성하기 위해 고서(古書)들을 정리하다가 태극기의 원형으로 추정되는 어기(御旗)가 발견되었다.

'어기'란 '국왕의 기'를 뜻하는데, 임금이 거둥할 때에 사용한 의장기로 보인다. '어기'의 바탕은 붉은색이며, 가운데에는 황색으로 음양(陰陽)이 4번 서로 만나도록 동심원이 그려져 있고, 팔괘(八卦)가 동심원 주변을 두르고 있다. 또한 3면에 수술이 달려있고, 크기는 가로 45.1cm, 세로 35.8cm이다. 이 어기는 애초에 국기(國旗)로 고안된 것인데, 국기는 단순화시켜 다시 만들어졌고, 이 기는 국왕의 기가 된 것으로 보인다. 19세기말 세계질서 속에 내세울 왕실의 외양을 갖추려는 노력을 상징하는 것이며, 오늘날 대한민국의 국기인 태극기의 원류가 된다.[31]

〈서울대 규장각 소장 어기(御旗)〉

---

31) 어기(御旗) : "규장각 자료 분류번호, 奎26192", "규장각 소장품 해설", "어기(御旗)" 참조. '어기' 자료의 출처는 다음과 같다.
https://kyudb.snu.ac.kr/contents/content_detail.do?conts_id=A00099

2. 이응준 도안 태극기 (1882년)

우리는 흔히 1882년 8월에 수신사 박영효가 일본으로 가는 배 안에서 제작했다는 '박영효의 태극기'가 우리 태극기의 시작이라고 말한다. 하지만 그에 앞서서 제작되어 사용된 태극기가 있었음이 2004년에 밝혀졌다. 바로 이응준이 제작한 것으로 알려진 태극기인데, 그동안 그 존재 여부를 파악하지 못하다가 2004년에 '이응준 태극기'의 실체가 드러났다. '조미조약' 체결 2개월 뒤인 7월 19일 미국 해군부(Navy Department) 항해국이 제작한 문서 《해상 국가들의 깃발(Flags of Maritime Nations)》에 태극과 4괘를 갖춘 태극기가 실렸음이 밝혀진 것이다. 지금의 태극기와 4괘의 좌·우가 바뀌었고 태극 모양이 약간 다를 뿐 전체적으로 매우 흡사하다.1)

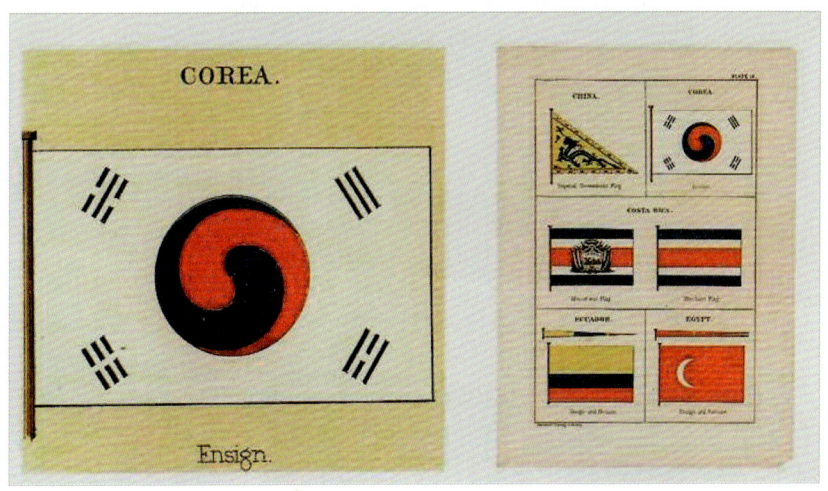

〈'해상국가들의 깃발'에 실린 태극기, 1882년, 고종19년〉

---

1) "가장 오래된 태극기 발견", 〈조선일보〉(2004년 1월 27일 기사) 참조 ; "태극기 창안자는 박영효 아닌 이응준", 〈조선일보〉(2008년 5월 30일 기사) 참조.

E. 여러 가지 문양의 태극기

이응준이 제작한 태극기는 중앙에 청색 홍색의 둥근 바람개비가 돌아가는 모양의 태극 양의(兩儀)를 그렸다. 네 귀퉁이의 4괘(卦)는 오른쪽 위에서부터 시계방향으로 건(乾)·리(離)·곤(坤)·감(坎) 4괘를 검은색으로 배치했다.

〈조선일보, 2004년 1월 27일 기사〉

⟨조선일보, 2004년 1월 27일 기사⟩

　우리나라는 반만년의 역사를 지니고 있으면서도 일찍부터 다른 나라와 외교가 없었기에 국기의 필요성을 크게 느끼지 못했고, 그다지 중요하게 여기지도 않았다. 그러던 것이 1875년 8월 21일 일본 군함 운양호(雲揚號)가 강화도 동남쪽까지 침입하여 난지도(蘭芝島) 부근에 닻을 내리고 아무런 예고도 없이 강화도 남쪽 초지진 포대에 맹렬한 포격을 가하고 영종도에까지 포격을 한 뒤 육전대(陸戰隊)를 상륙시켜 온갖 만행을 자행하고 돌아갔다.

그 이듬해인 1876년(병자년) 2월에는 강화도에 상륙하여 우리에게 수호조약을 강요했다. 일본은 강화도조약을 강요하면서 '운양호에 일본 국기를 달고 일본 군함이라는 것을 표시했는데, 왜 포격을 가했느냐?'고 트집을 잡고 항의했다. 강화도조약 첫날부터 일본이 국기 문제를 들고 나오자, 조선은 그때에서야 비로소 국기의 중요성을 인식하게 되었다.

그러나 정작 조선 국기의 구체적 도식에 대해 최초로 거론한 사람은 청국의 황준헌(黃遵憲, 1848-1905)이었다.[2] 황준헌은 1880년경 청의 주일공사관의 참찬관을 지낸 사람이다. 그는 30대 초반 『조선책략(朝鮮策略)』이라는 조선의 외교정책 방향을 논한 6,100자 분량의 짧은 논문을 썼는데, 그 논문에서 "조선은 청(淸)에 주청을 올려 해군과 육군의 모든 군의 군기는 중국의 용기(龍旗)를 그대로 따라 사용하고, 이를 전국에 표지로 사용하라"는 글을 써 조선국기의 제정을 거론하였다.

1880년(고종 17년) 음력 8월 일본에 갔던 예조참의 김홍집이 청국 공관을 드나들며 황준헌의 '조선책략'을 얻어 고종에게 바치고, 국기제정 문제에 대해 황준헌의 주문대로 주청하였다. 그해 12월 1일, 조선 정부는 진하겸동지사은사(進賀兼冬至謝恩使) 일행을 중국에 보내 황준헌이 종용한 대로 청국의 북양대신 이홍장에게 "조선은 어떤 색 어떤 도식의 국기를 사용하는 것이 마땅하겠는가?"를 문의하였고, 1881년 2월 2일 청나라 덕종에게 이 문제에 대해 주청하였다.[3] 이때 리홍장은 "지금 조선의 국왕이 사용하는 기(旗)는 용(龍)을 그린 네모난 '용방기'(龍方旗)가 중국의 용(龍)기와 비슷하므로 그 기를 국기로 사용해도 가하며, 또 이 기를 선박의 기표로 사용할 것"을 말하였다.[4]

1882년(고종 19년) 3월 21일 청나라의 사신 마건충(馬建忠)이 인천항에 들어왔고, 그보다 하루 뒤인 3월 22일 미국의 슈펠트(Robert .W. Schufeldt) 제독

---

2) 김상섭, 『태극기의 정체』 70.
3) 김상섭, 『태극기의 정체』 71-72.
4) 송춘영, 『태극기의 어제와 오늘』 115.

은 '조미수교조약'을 체결하기 위하여 군함 1척을 이끌고 인천에 입항하였다. 그리고 4월 6일(양력 5월 22일) 제물포 화도진에서 마건충의 중개로 슈펠트 제독과 조선의 전권대신 신헌, 부관 김홍집은 '조미수호통상조약'을 체결하였는데 4월 6일, 11일에 김홍집과 마건충은 조선의 국기문제에 대해 논의하였다.

이때 슈펠트는 조선 대표에게 독립적인 국기를 제정하기를 권하여 김홍집은 역관 이응준에게 국기 제작을 명하여 조미수호통상조약 체결조인식에서 미국의 성조기와 조선의 태극기가 나란히 게양되었다.

3. 미국(美國) 해군성 항해국(Navy Department Bureau of Navigation) 출간, '해상 국가들의 깃발(Flags of Maritime Natios)'에 수록된 태극기
(1882년 5월 22일)

1882년 8월 9일~12일(음) 특명전권대신 겸 수신사 박영효가 일본행(行) 배 안에서 도안한 태극기보다 더 앞서서 게양되었던 태극기가 2004년에 발견되었다.5)

박영효의 일기인 「사화기략(使和記略)」에는 그가 일본으로 가는 '메이지마루[明治丸] 호' 배 안에서 미리 준비해 온 "태극팔괘도"를 영국 영사인 아스톤(Aston)에게 제시했더니, 영국인 선장 제임스가 "이 도안은 너무 복잡해서 식별이 어렵다"고 하여, '8괘도에서 4괘를 뺀 4괘도'로 고쳤다고 기록돼 있다. 태극기는 다음 해인 1883년 3월 국기로 정식 반포되었다.

『해상 국가들의 깃발(Flags of Maritime Nations)』에는 1882년 당시 세계 49개국 154점의 깃발을 소개하고 있다. 그중에 태극기 문양6)이 있다. 영문

---
5) 〈조선일보〉(2004년 1월 27일).
6) 이 태극기는 고서점 '아트뱅크'의 윤형원(尹亨源) 대표가 입수한 자료를 공개한 것이다. 〈조선일보〉(2004년 1월 17일).

명칭으로 'Corea'라고 표기되어 있고, 태극기 하단에는 'Ensign[선적기]'라는 글씨가 쓰여 있다.7) 이 깃발은 1882년 5월 22일 '조미(朝美)수호통상조약' 당시에 내걸었던 것으로 추정되고 있다. 이는 '조미통상조약'이 체결될 당시 미국이 이 깃발을 입수하여 그 도안을 이 책에 수록했을 것으로 본다. 처음에는 이응준 태극기가 '선적기'로 고안되었다가, 이후 조미통상조약을 체결하는 과정에서 조선의 정체성을 드러내는 상징으로 사용되었을 것이다.8)

그동안 태극기 문양 중 가장 오래된 것은 일본의 신문 〈시사신보(時事新報)(1882. 10. 2.)〉에 실렸던 '조선국기(흑백)'과 청나라 외교문서인 『통상장정성안휘편』에 수록된 1883년 3월 제작의 '고려국기(채색)'였다.

『해상 국가들의 깃발』은 세계 49개 국가들의 국기를 비롯한 여러 깃발들의 채색 그림들을 수록한 책이다. 이 태극기에서 태극은 청색인 좌측, 적색은 우측에 배치되어 있으며, 검은색으로 그려진 '건곤감리' 4괘는 현재의 태극기와는 좌·우가 바뀐 형태다.

이 태극기는 박영효가 만들었다는 태극기보다 2개월이 앞서는 1882년 7월에 출간된 '해상 국가들의 깃발'에 태극무늬와 4괘가 그려진 태극기가 실려 있는 것으로 보아, 이 '태극기'의 사용은 박영효 이전에 이미 국기 구실을 하였음을 증명하고 있다.9)

지금까지 최초의 태극기는 제물포조약에 따라 철종의 사위인 박영효와 김만식(金晩植) 두 사람이 1882년 9월 21일 특명전권대신 겸 수신사(修信使)로 인천을 출발하였다. 일본으로 가는 '메이지마루[明治丸] 호' 선상에서 박영효가 처음 만든 것으로 알려져 왔다. 그것은 박영효의 일기인 「사화기략(使和記略)」의 기록에 근거한 것이었다.

그런데 박영효의 도일 기록보다 최소 2~3개월 앞서는 때인 1882년 7월

---

7) 1899년 간행된 제6판에는 태극기 하단에 'National Flag[국기]'라고 수정했다.
8) 홍승표, 『태극기와 한국교회』(서울: 이야기books, 2022) 35.
9) 이규태, '태극기의 기원'- 李圭泰 코너, 〈조선일보〉(2004년 1월 28일).

19일 미국 상원에서 3,000부 발간을 결의하여 분배키로 했다는 미국 해군부(Navy Department) 항해국(Bureau of Navigation)이 출간한 『해상 국가들의 깃발(Flags of Maritime Nations)』이라는 책에 수록된 태극기가 발굴되었다. 이 태극기는 고서점 '아트뱅크'의 윤형원(尹亨源) 대표가 입수한 자료를 조선일보(2004년 1월 27일)에 공개한 것이다.

『해상 국가들의 깃발』은 세계 49개국의 국기를 비롯한 여러 깃발의 채색 그림을 수록한 책으로서, 국가들은 알파벳순으로 배열돼 있으며, 태극기는 당시 청나라 국기인 황룡기(黃龍旗) 오른쪽 '코리아(Corea)' 난에 '기(旗, Ensign)'란 이름으로 게재돼 있다.10) 태극은 청색이 좌측, 붉은색이 우측에 자리 잡고 있으며, 흑색으로 그려진 건곤감리(乾坤坎離) 4괘는 현재의 태극기에서 좌·우가 바뀐 형태다.11)

태극기 전문가인 김원모 단국대 명예 교수는 『해상 국가들의 깃발』에 수록된 이 태극기는 "1882년 5월 22일 조미(朝美)수호통상조약 당시 내걸었던 태극기이며, 최초의 국기이자 태극기이며, 이 태극기의 창안자는 이응준"이라고 평가했다. 그의 평가와 더불어 '태극기'를 통념대로 '태극과 4괘를 갖춘 깃발'로 규정한다면, 이 깃발은 사실상의 국기로 쓰인 현존 최고(最古)의 태극기임이 분명하다.12)

---

10) 〈조선일보〉(2004년 1월 27일, 1월 28일).
11) 태극기 전문가 김원모 단국대 명예 교수는 "괘의 좌·우가 바뀐 것은 조약 당시 깃발 뒤편에서 그렸기 때문일 것"이라고 추정했다. 〈조선일보〉(2004년 1월 27일).
12) "가장 오래된 태극기 발견", 〈조선일보〉(2004년 1월 27일 기사) 참조 ; "태극기 창안자는 박영효 아닌 이응준", 〈조선일보〉(2008년 5월 30일 기사) 참조. ; "태극기를 만든 사람은 '친일파'가 아니었다", 〈조선일보〉(2022년 5월 17일 기사) 참조.

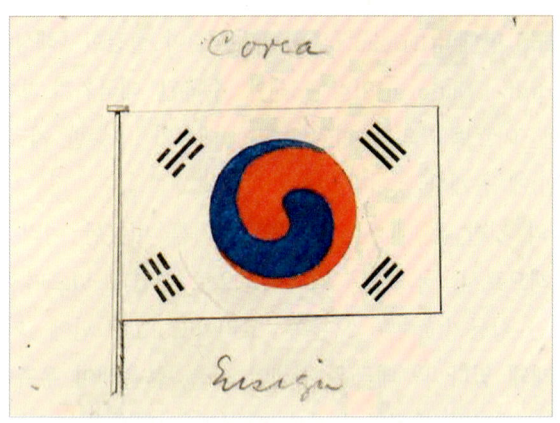

〈로버트 슈펠트(Shufeldt) 보관 태극기〉13)

〈'해상 국가들의 깃발'에 수록된 이응준 태극기, 확대〉

---

13) 해군 제독 로버트 슈펠트(Shufeldt·1822~1895)는 "조·미수호통상조약" 당시 미국측 전권대사였다. 『해상 국가들의 깃발(Flags of Maritime Nations)』이라는 책에 수록된 태극기와 거의 일치한다. / 미국국회도서관 소장
　※사진출처 ; "태극기를 만든 사람은 '친일파'가 아니었다", 〈조선일보〉(2022년 5월 17일).

〈조선일보, 2004년 1월 27일〉

E. 여러 가지 문양의 태극기 | 59

최초의 태극기?… 독립기념관의 '헛발질'

08. 2. 29. 조선

3·1절을 앞두고 '최초(最初)' 또는 '최고(最古)'라는 타이틀을 내건 옛 자료들이 우후죽순처럼 공개되고 있지만, 적잖은 자료가 최초가 아니거나 이미 공개된 것이라는 사실이 밝혀져 논란이 일고 있다. 28일 독립기념관(관장 김삼웅)은 새로 입수한 태극기 자료를 '최초 태극기의 원형'이라고 발표했다가 '최초가 아니다'고 말을 바꿨다.

독립기념관은 27일 각 언론사에 '독립기념관, 최초의 태극기 원형 발굴 공개'라는 제목의 보도자료를 냈다. 자료는 "(이번 자료 공개로) 그간의 태극기 원형을 둘러싼 논란이 결말을 맺게 됐다"고 말했다. 이 태극기는 1882년 11월 1일 일본 외무차관이 주일 영국공사에게 보낸 문서에 첨부돼 있다. 중앙에 태극을, 네 모서리에 사괘(四卦)를 그려 놓았다. 독립기념관 측은 28일 오전 기자간담회에서 이 태극기의 복사본을 공개한 뒤 "1882년 9월 25일 수신사 박영효(朴泳孝)가 일본으로 가는 배 위에서 만들었던 태극기를 바탕으로 한 것이므로 최초의 태극기 원형"이라고 말했다.

그러나 기자간담회 도중 독립기념관측은 "최초의 태극기인 것은 아니다"며 보도자료의 가장 중요한 '핵심'을 수정했다. 이번 자료보다 4개월 앞선 1882년 7월 미국 해군부

28일 독립기념관이 "최초의 태극기 원형"이라며 공개했다가 "국기로서의 첫 태극기 원형"이라고 말을 바꾼 1882년 11월의 태극기(왼쪽). 이 태극기보다 4개월 전인 1882년 7월 미국 해군부의 '해양 국가들의 깃발'에 이미 비슷한 태극기가 수록돼 있다(오른쪽).

27일 "1882년 11월에 나온 원형 자료 입수" 발표
'그보다 넉달 앞선 태극기 있다'는 지적 받고선
어제 "최초의 태극기는 아니었다" 말바꿔

(Navy Department)에서 출간한 '해양 국가들의 깃발(Flags of Maritime Nations)'에 이번 자료와 비슷한 형태의 태극기 그림이 있다 〈본지 2004년 1월 27일자 A11·22면 보도〉는 지적 때문이었다.

독립기념관과 함께 이번 자료를 발굴한 한철호 동국대 교수는 이에 대해 "최초의 태극기가 아니라 '국기(國旗)'로서의 자격을 갖춘 최초의 태극기'가 맞다"고 말했다. 간담회 시작 때 "최초의 태극기를 발굴했다"고 했던 김삼웅 관장도 이후 "최초의 국기"라고 수정했다. 그러나 태극기 연구의 권위자인 김원모 단국대 명예교수는 본지와 통화에서 "1882년 7월 자료는 2개월 전 조미(朝美) 수호통상조약 당시 성조기와 함께 계양됐던 깃발로서 당연히 '국기'로 봐야 한다"고 말했다.

이에 대해 이태진 서울대 인문대학장은 "'최초'나 '최고'라는 수식어가 붙은 자료일수록 크게 보도되는 경향이 있지만, 그만큼 민감한 문제이기 때문에 신중하고 철저한 검증을 거친 뒤에 발표해야 할 것"이라고 말했다.

유석재 기자 karma@chosun.com
☞ 동영상 chosun.com

〈조선일보, 2004년 2월 29일〉

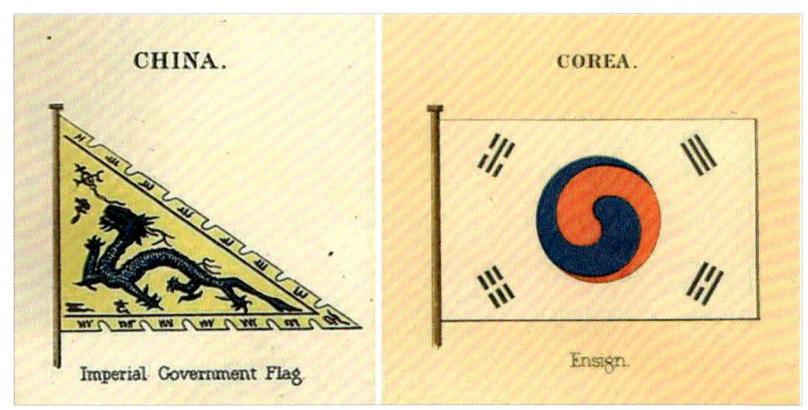

⟨'해상 국가들의 깃발'에 수록된 청국 황룡기와 이응준의 태극기⟩

⟨마건충이 제안한 국기 도식, 추정⟩

E. 여러 가지 문양의 태극기

4. 박영효 태극기의 제작 과정 (1882년 8월 9일~14일)

박영효가 수신사로 일본 선박 '메이지마루[明治丸] 호'를 타고 일본으로 가는 선상에서 처음으로 사용한 태극기가 있다.

처음에 태극기를 제작할 때 중국의 마건충(馬建忠, 1894~1933)이 청나라 국기인 황룡기(黃龍旗) 도안을 참고하여, 조선이 중국의 동쪽에 있으니, '청룡기(青龍旗)'로 할 것을 제안했다. 흰 바탕에 푸른 구름을 아래로 깔고, 그 구름 위에 '푸른 용[青龍]'을 그려 조선 국기로 삼으라는 것이었다.14) 여기서 흰 바탕은 백성을, 푸른 구름은 관원을, 용은 임금을 나타냄으로써 군관민(君官民)의 일체와 조화를 표방한 것이라 했다. 그런데 이 최초의 제안에 조건이 붙었다. 당시 중국 국기에 용이 그려져 있었는데 중국의 황제를 나타내는 용과 차별하기 위해서 우리나라 국기에 그리는 용은 그 발톱 수를 하나 줄여 4개인 '4조룡(四爪龍)'으로 하자는 것이었다. 굳이 나라의 상징인 국기에 용을 도입하려 한 것은 중국의 속국임을 표방하려는 저의에서 그리 했던 것이다.

이에 당시의 총리였던 김홍집(金弘集)은 국기에 용 그림은 그리기에 번잡하다는 핑계를 대며, 조선의 임금은 붉은 옷을 입고 있고, 관리는 푸른 옷을 입으며, 백성은 흰옷을 입고 있으니, 흰 바탕에 홍(붉은색)·청(푸른색)의 태극 무늬로 하자고 제시했다. 마건충이 홍룡(紅龍, 붉은 용) 청운(青雲, 푸른 구름)으로 절충하려 했지만, 김홍집은 이를 수용한 척하며 8도(道)를 상징하는 팔괘를 더하는 절충 수정안을 제시하여 태극기를 처음으로 창제하였다.15) 그리하여 초기 태극기의 그림은 명나라 초기부터 중국의 민간에 널리 유행한 음양팔괘 도식인 '고태극도'에서 우리나라 국기의 모형으로 정착되기에 이르렀

---

14) 이에 대한 다른 주장도 있다. "청나라 특사 마건충(馬建忠)이 당시 청나라 국기인 황룡기 도안을 청룡기로 바꾸되, 용 발톱을 4개로 줄여 속국임을 나타내게 하려 했다"는 것이다. "이규태 코너, '태극기의 기원'", 〈조선일보〉(2004년 1월 28일).
15) "이규태 코너, '태극기의 기원'", 〈조선일보〉(2004년 1월 28일).

다.16) 당시에 이 두 사람이 주고받은 필담 내용은 『청국문답(淸國問答)』17)에 자세히 기록되어 있다.

마건충이 '고태극도' 도안을 조선의 국기로 제안한 지 불과 2개월 뒤인 1882년 6월 9일(양력 9월 23일) '임오군란(壬午軍亂)'이 일어났고, 7월 15일~17일에 '제물포조약'을 조인한 후, 1882년 8월 9일(양력 9월 20일) 특명전권대사 겸 제3차 수신사로 박영효 일행이 일본으로 떠났다.

오늘날 태극기의 태극도안은 임오년(1882년)에 박영효가 타고 가던 배 '메이지마루[明治丸] 호' 안에서 도안한 것으로 알려져 있으나, 실은 그 이전에 이미 결정되어 있었다는 기록이 수신사 수기인 『사화기략(使和記略)』에 있다.18)

1882년 5월 14일, '조미(朝美) 수호통상조약' 당시 미국의 전권 특사 '슈펠트(Schufeldt)' 제독은 '조선이 청국의 황룡기(黃龍旗)와 비슷한 깃발을 사용하면 청나라의 속국으로 인식될 수 있으니, 조선의 독자적인 국기를 제정하여 사용할 것'을 요구했다. 그래서, 김홍집은 역관 이응준에게 국기를 제작할 것을 지시했고, 이응준은 그해 5월 14일~22일 사이에 미국 함정 '스와타라(Swatara)' 군함 안에서 국기를 만들었다. 이 국기는 마침내 5월 22일 제물포에서 열린 조인식에서 미국의 성조기와 나란히 게양되었다. 조미조약 체결 2개월 뒤인 7월 19일 미국 해군부(Navy Department) 항해국이 제작한 문서 『해상 국가들의 깃발(Flags of Maritime Nations)』에 태극과 4괘를 갖춘 태극기가 게재되었다. 이 국기는 지금의 태극기와 4괘와 좌우가 바뀌어 있고, 태극 모양이 약간 다를 뿐 전체적으로 흡사하다. 이 태극기가 곧 공식 제정된 태극기의 원형이라고 할 수 있다.

문일평의 『호암전집(湖巖全集)』과 『사외이문(史外異聞)』에는 태극에 8괘를 더

---

16) 김상섭, 『태극기의 정체』 80.
17) 규장각 소장본, 규장각 도서번호 20417
18) 『특별정훈교재, 태극기』(육군본부, 1966) 7 참조. ; 『세계대백과사전(제19권)』(서울; 교육도서, 1988) 29.

한 태극기를 처음 도안한 사람은 박영효보다 그 이전 사람으로 공주관찰사를 지낸 이종원(李淙遠)이 "임오년(1882년) 이후에 제출한 도식에 의하여 비로소 태극기로써 국기를 결정하였다"고 기록되어 있다.19)

1882년(고종19년) 임오군란 후 박영효가 일본에 수신사로 가는 도중, 배 안에서 제작하여 사용하였던 태극기는 대일(對日) 수신사인 박영효 일행이 코오베[神戶]에 도착하여, 1882년 9월 25일 아침 8시에 숙소인 니시무라야[西村屋] 여관의 옥상에 내걸었다. 이 국기는 흰 바탕에 태극을 그리고, 붉은색과 푸른색으로 이를 메웠으며, 네 모퉁이에는 건(乾)·곤(坤)·리(離)·감(坎) 4괘를 그렸는데, 이는 일찍이 왕명(王命)이 있었기 때문에 그렇게 그린 것이라 한다.20) 박영효는 고오베에서 도쿄로 가는 배를 기다리는 동안에 부산으로 가는 선편(船便)으로 8월 22일 고종에게 장계를 올리는 동시에 국기를 새로 만든 것에 대한 자세한 내용을 써서 '기무처'로 보내면서 이를 상세히 고종 임금에게 품달하도록 부탁하였다.

그 장계 내용의 주목할 만한 조목들을 간추린 내용은 이렇다.21)

① "국기를 새로 만드는데 대해 이미 고종의 처분이 있었다"

② "大, 中, 小 3개를 만들어 그 중에서 작은 기 하나를 상송(上送)한다"

③ 국기 표지에 대해 타고 가던 '메이지마루[明治丸] 호' 안에서 영국 영사

---

19) 『공주읍지』에는 李琮遠으로 되어 있고, 공주관찰사를 지낸 것이 을미년으로 되어 있어, 태극기가 제작 사용된 1882년보다 13년 후의 일이 되며, 고종실록에는 이종원을 공주관찰사로 명한 것이 고종 32년 9월 4일로 되어 있고, 이름자 역시 淙으로 되어 있어, 확실히 분간하기 어려운 점은 있으나 학계에서는 이종원 설에 대해 대체로 긍정하는 편이다. 『세계대백과사전(제19권)』, 29. ; 〈조선일보〉(1988년 9월 17일).

20) 박영효 일행은 일본 神戶에서 도쿄로 가는 배를 기다리는 동안, 부산으로 가는 선편을 얻어 22일 국왕에게 장계를 올리는 동시에, 국기를 새로 만든데 대한 자세한 내용을 기무처(機務處) 앞으로 써 보내면서 이를 임금에게 품달하도록 하였다. 한편 기무처로 보낸 공문에는 보다 자세히 배안에서 국기를 제작하던 경위가 기록되어 있다. 당시 선장이던 영국인의 조언으로 8괘중에서 4괘만 골라서 네 모퉁이에 배치하기로 했다. 『세계대백과사전(제19권)』, 29.

21) 『특별정훈교재, 태극기』 9.

아스톤과 상의했더니, 아스톤은 자신보다는 그 배의 선장인 영국인 제임스가 세계 각국을 돌아 다녀서 각국의 국기에 대해 더 잘 알고 있으므로 그와 상의하는 것이 좋겠다고 하여, 국기 표지에 대해 그 배의 제임스 선장과 상의하게 되었다.

④ 그때 '메이지마루[明治丸] 호'의 영국인 선장은 조언하기를, "태극에 8괘를 그린 도식은 특별히 아름다운 빛깔로서 아름다우나 괘가 8개나 그려져 있어 너무 조밀하고 복잡해서 멀리서 볼 때 분명하게 보이지 않을 뿐만 아니라, 이를 모방하여 그릴 경우에도 불편할 것이므로 8괘 중에 4괘만 그려서 4귀퉁이에 배치하는 것이 좋을 것"이라는 의견을 제시하여, 그의 의견을 참작하여 마건충이 제안한 태극 팔괘의 '고태극도' 도식에서 4괘는 없애 버리고 4괘만 그리게 되었다.22)

⑤ 국기의 제정은 외교관계 상으로나 각국의 경축사절이나 회합이 있을 때에도 필요한 표시이기 때문에, 이러한 여러 가지 일들을 위하여 영국, 미국, 독일, 일본 등 각 나라에서도 우리 국기를 그려갔다고 장계에 실었다.

당시의 국기는 일본으로 가는 배 안에서 그리기 이전에 왕명에 의해 8괘로 그려진 태극기를 이미 제작하여 '메이지마루[明治丸] 호'를 타고 갔던 것이다.

그 태극기는 그저 태극을 가운데 두고 네 모퉁이 괘(卦)를 배치하는 것뿐이어서, 8괘를 4괘로 줄이거나 수정 사용할 수 있도록 신축성을 두었었다. 국기 제정은 미리 해두었으나 공식적으로 공포하지 않고 있다가, 고종 20년(1883년) 음력 1월 27일에 국기 제정을 8도(道)와 4도(都)에 공문을 보냈다.23) 당일 통상교섭사무아문통리(通商交涉事務衙門統理)의 소계(所啓)에 의하여 8도에 주지시키도록 임금의 명으로 공식 반포하였으니, 이와 같이 우리나라 태극기는 1883년

---

22) 김상섭, 『태극기의 정체』 102. ; 『특별정훈교재 태극기』 9.
23) 『고종실록』, 고종 20년 1월 27일 조에 "통리교섭 통상사무아문에서 아뢰기를 '국기를 이미 제정하였으니 8도와 4도에 공문을 보내어 다 알고 사용하도록 하는 것이 어떻겠습니까?' 하니 임금이 윤허하였다"고 기록되었다.

(고종 20년) 3월 6일,24) 태극을 중심으로 하여 '건·곤·감·리' 4괘를 사각형 네 귀퉁이에 배치한 모형의 태극기를 국기로 왕명으로 제정하여 정식 공포하였다.25)

이때 제정·공포된 태극기는 서울의 조계사 북쪽의 우정국(郵政局) 구내에 매일 게양했다. 1884년 서울을 기행한 일본인 '오비 스케아키[小尾直藏]'가 이듬해인 1885년 2월 도쿄에서 펴낸 보고서 「조선경성기담(朝鮮京城奇談)」에 이를 기록하였다.26)

한편 '메이지마루 호'의 선장인 영국인 제임스가 박영효의 태극기 모양을 보고 '8괘'는 너무 복잡하다는 의견을 제시하여 박영효가 '4괘'로 정했다고 하지만(1882년 9월 20일~25일), 그 당시 일본의 신문에 실린 태극기 그림과 박영효가 귀국하여 고종에게 보고한 서한의 내용이 달라서, 태극기의 정형이 한동안 확정되지 못한 상태로 있다가, 1883년 1월에 대한의 국기를 확정 공포했다. 이 시기에 확정된 태극기 모양은 독립문에도 새겼다.

5. 제임스 태극기 ; '메이지마루[明治丸] 호' 선상의 도안 (1882년 9월 20일~25일)

제임스의 태극기는 현행 태극기의 '태극(반홍·반청)'과는 다르게 태극의 음양 양의(兩儀)가 홍색은 왼쪽에서 오른쪽 아래로, 청색은 오른쪽에서 왼쪽 위로 완만하게 굽혀져 상하로 놓여있다. 그리고 '4괘'는 현행 4괘와 그 배치가 같고 색깔은 검은색으로 되어 있다.

---

24) 〈조선일보〉(2003년 3월 6일).
25) 민족문화 봉찬회, 『국기 해설문』(안양; 삼우문화사, 1985) 37. ; 〈조선일보〉(2003년 3월 6일). 10면 ; 『세계대백과사전(제19권)』 29.
26) 〈조선일보〉(2003년 4월 24일).

⟨'제임스 선장'이 제안한 국기 도식, 추정⟩

⟨박영효 제작 태극기, 추정⟩[27]

---

27) 영국 국립문서보관소 소장 문서에 실려 있는 태극기이다. 이는 1882년 11월 일본 외무성 관원 '요시다 기요나라(吉田淸成)'가 영국공사 '해리 파커스'에게 보낸 문서에 남아 있다. 문서의 작성 시기가 박영효의 일본 체류 기간과 일치하며, 당시 박영효가 각국 공사에게 태극기를 배포하였다는 점에서 이 태극기를 박영호의 도안으로 추정된다.

E. 여러 가지 문양의 태극기

〈일본 '시사신보', 태극기 기사, 1882년 10월 2일〉

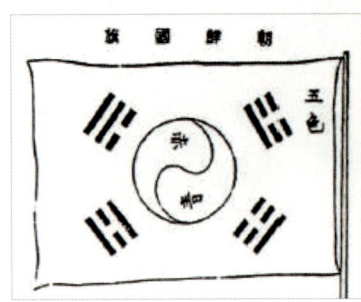
〈일본 '시사신보'에 실린 국기〉

〈'시사신보'에 실린 태극기, 재현〉28)

---

28) 일본 시사신보 1882년 10월 2일자 실린 태극기. (송명호씨 발굴) 바탕은 옥색(玉色)이라 적혀 있고, 태극에는 적(赤)과 청(靑)으로 적힌 것을 가지고 채색을 연구하여 표현하였고, 괘의 청색은 유길준의 『저사집역(苧社輯譯)』과 '데니 태극기'를 참고하여 재현하였다. 나정태, 『역사의태극기展』(전시회도록, 2008)

6. 유길준 태극기 (1883년 무렵)

〈'유길준'과 그가 그린 태극기〉[29]

〈'저사집역'의 유길준 태극기, 재현 〉[30]

---

29) 박영효 방일 당시 일본 유학 중이던 유길준이 그린 태극기(왼쪽)와 유길준 사진. 태극기 형태와 구성은 박영효의 태극기와 유사하다. 『유길준전서(4)』(서울; 일조각, 1996) ; "태극기는 누가 처음 만들었을까?", 〈뉴스앤조이〉(2020년 2월 27일).

30) 유길준은 1882년 한미수호통상조약이 체결되고 보빙사라는 이름으로 1883년 미국에 갔고, 국비 장학생으로 미국에 남게 된 인물이다. 그가 쓴 『저사집역(苧社輯譯)』에 태극기 원도를 그린 예가 있어서, 이를 참고하여 색을 입혀 재현한 것이다. 나정태, 『역사의태극기展』(전시회도록, 2008)

7. '쥬이 태극기' (1883-1884) ; 미국 스미소니안 국립박물관 소장

1882년 '조미(朝美)수호통상조약'이 체결된 후, 1883년(고종 20년) 4월에 미국의 푸트(Foote L. H. 福德) 공사가 부임했을 때, 그를 수행했던 '쥬이(Pierre Louis Jouy)'가 1894년(고종 21)에 입수하여 가져간 것인데, 1882년 9월 박영효가 제작한 것으로 알려진 태극기이다. 지금은 미국의 스미소니언 박물관이 소장하고 있으며, 현재 전하는 가장 오래된 태극기로, 일명 '쥬이 태극기'라고도 한다.31)

〈'쥬이 태극기', 미국 스미소니언 박물관 소장〉

---

31) Jouy's Taegeukgi 조선, 1884년 / 53x36cm / 미국 스미소니언박물관 소장 및 사진제공. 국립중앙박물관 편, 『대한의 상징, 태극기』(서울; GNA 커뮤니케이션, 2008) 16 참조.

8. 박영효 태극기

태극기는 1883년(고종 20년) 1월 27일(음력) 『승정원일기(承政院日記)』에 국기 반포에 관한 왕명이 실려 공식 채택되었다.32) 이와 함께 조선 국내에서 처음으로 태극기를 게양한 곳은 "우정국(郵政局)"이었다. 1884년 서울을 기행한 일본인 '오비 스케아키[小尾直藏]'가 이듬해인 1885년 2월 도쿄에서 펴낸 보고서 『조선경성기담(朝鮮京城奇談)』에 이에 관한 내용이 나온다. 이 보고서에 의하면 '우정국 구내에는 매일 국기를 게양했는데, 그 높이가 2장(약 6m) 남짓'이며, '조선의 국내에서 국기를 게양한 것은 이것이 효시'라고 설명하였다.33)

이듬해 조선은 태극기를 널리 알리기 위해 태극기 도안을 넣은 우표 5종 280만 장을 일본에 제작 의뢰했으나 일본은 우리의 요청과는 달리 자기네들 임의로 4괘를 삭제하고, 태극 문양도 중국의 태극 도형으로 바꿔 만든 우표를 찍어 보내왔다. 이는 우리나라가 중국의 속국임을 나타내기 위한 치밀한 계산에서 그렇게 행한 것이었다.34)

〈박영효 태극기, 추정〉35)

---

32) 『승정원일기』(고종 20년 1월 27일 기유己酉) 기사.
33) 이 자료는 독도박물관장을 지내다 2002년 11월에 타계한 서지학자 이종학이 소장했던 것으로, 그의 후배인 아리랑연구가 김연갑이 조선일보에 공개한 것이다. "태극기 국내 공식게양 첫기록 발굴", 〈조선일보〉(2003년 4월 23일 기사) 참조.
34) "태극기, 근대사 영욕 함께한 민족얼굴", 〈조선일보〉(1997년 12월 27일 기사) 참조.

〈조선개혁박영효씨귀한지도(朝鮮改革朴泳孝氏歸韓之圖), 1894년, 영국박물관 소장〉

〈박영효 제작 태극기, 추정〉[36]

---

35) 태극기의 창안자인 박영효(1861~1939) 집안에서 보관했던 것으로 보이는 태극기이다. 손수건 크기의 명주에 태극 문양과 사괘를 바느질로 붙인 이 태극기는 보관함에 'Princess Y.H. Park 박영효 부인'이라고 씌어 있어 박영효 부인이 보관하던 것을 '노블 목사가 받아 소장해온 것으로 보인다. 노블 목사는 1892년부터 1934년까지 한국에서 선교 활동을 했다. "最古 추정 태극기 발견, 보관함에 '박영효 부인' 기록", 〈조선일보〉(2001년 8월 20일 기사) 참조.
36) 영국 국립문서보관소 소장 문서에 실려 있는 태극기. 이는 1882년 11월 일본 외무성 관원 '요시다 기요나라(吉田淸成)'가 영국공사 '해리 파커스'에게 보낸 문서에 남아 있다. 문서의 작성 시기가 박영효의 일본 체류 기간과 일치하며, 당시 박영효가 각국 공사에게 태극기를 배포하였다는 점에서 이 태극기를 박영호의 도안으로 추정된다.

〈청일전쟁 승리 직후 서울로 개선하는 일본군〉37)

〈청일전쟁 승리 직후 서울로 개선하는 일본군〉38)

---

37) 청일전쟁 승리직후 서울로 개선한 일본군과 이를 맞이하는 영은문에서의 환영 행사(1894년 8월 5일)를 기록한 일본 목판화.

38) 조선에 대한 지배권을 놓고 벌어진 청일전쟁(1894년-1895년)에서 승리한 일본이 자축을 위해 서울 근교에서 벌였던 개선행진을 왜곡해 묘사한 일본의 목판화. 당시 태극기와 함께 일장기를 크게 걸어놓고 일본군이 개선행진을 했던 것은 사실이었으나 조선 관리들이 일본군을 환영한 사실은 없었다. 1895년 제작.

F. 박영효 태극기 이후의 태극기들

1. 데니(Denny) 태극기 (1886년 또는 1890년 제작으로 추정)

〈데니 태극기, 독립기념관 소장〉39)

데니(Owen N. Denny, 德尼, 1838~1900년)는 구한말 서울에 체재하며, 1886 ~1890년까지 고종의 '외교 자문'을 지냈다. 그는 1886년(고종 23년) 3월, 청 나라 '이홍장(李鴻章)'의 추천으로 당시 외교 관계를 담당하고 있던 독일인 '묄 렌도르프'의 후임으로 내한하였다. 그는 이홍장의 추천으로 내한하였으나 이홍 장의 말을 듣지 않아 그로부터 미움을 받아 조선에서 추방되었는데, 1890년 조선을 떠날 때 가져간 것이었다.

'데니의 태극기'는 '데니'의 유품 속에서 찾아낸 것으로, 소유자가 네 번 바

---

39) 고종의 외교 고문이었던 미국인 '데니'가 소장했던 태극기. / 1890년경 / 크기 263cm×180cm / 등록문화재 382호.

퀸 끝에 '데니'의 후손인 '윌리엄 롤스턴(William Rolston)'의 손에 들어갔으며, 1981년에 '롤스턴'이 우리나라에 기증하였다.40)

이 태극기는 질 좋은 흰색 바탕천에 물들인 천으로 태극 무늬와 괘를 재봉질해 붙였으며 괘의 빛깔이 짙은 푸른색인 것이 특징이다. 미국인 '롤스턴'이 돌려준 태극기는 '국립중앙박물관'을 거쳐 현재 독립기념관에 소장되어 있다.

데니의 태극기는 앞서 말한 조중전의 '고(古) 태극도'에서 태(兌) · 진(震) · 손(巽) · 간(艮)의 4괘를 생략해 버리고 건(乾) · 리(離) · 감(坎) · 곤(坤)의 4괘를 둔 채 왼쪽으로 45도 각도로 눕혀놓은 형태이다. 4괘의 배열은 정확하게 되어 있으며 음양의 그림은 조금 잘못되어 있으나 '고(古)태극도'의 그림 형식과 크게 다를 바 없다.

'데니 태극기'의 존재를 처음 알리고 이를 국내로 반환하는데 결정적인 역할한 인물은, 미국 '몬태나 주(State of Montana) 캐럴 대학' '역사학과 명예교수'인 '로버트 R. 스워타우트' 박사(76세)이다. 그는 1975년 '근대 조미(朝美) 외교사'를 석사 논문으로 준비하던 중에 '오리건 대학 도서관'에서 손바닥만 한 고서 하나를 발견했는데, 바로 19세기 중국에 다녀온 미 외교관 문서였다. 이 문서 속에서 '포틀랜드 출신 변호사 오언 데니가 1886~1890년 조선에서 고종의 외교 자문을 지냈다'는 기록을 발견하고 '데니'에 대해 연구하기 시작했다. 그 과정에서 '오리건 주'에 사는 '데니'의 후손을 만나기 위해 수소문하다가 마침내 1977년 후손인 '윌리엄 롤스턴' 변호사 부부 집에서 태극기가 담긴 상자를 찾아냈다. 그리고 '롤스턴' 부부를 설득하여 우리나라에 반환하도록 했다. 그는 이 태극기에 대하여, 고종이 1890년에 귀국하는 '데니'에게 직접 하사했을 가능성이 크다고 말하고 있다.41)

---

40) "데니와 태극기", 〈한국일보〉(1981년 1월 17일 기사) 참조. ; "데니 태극기 본 순간 '대한민국 보물' 바로 알아", 〈동아일보〉(2022년 11월 1일 기사) 참조.
41) "데니와 태극기", 〈한국일보〉(1981년 1월 17일 기사) 참조. ; "데니 태극기 본 순간 '대한민국 보물' 바로 알아", 〈동아일보〉(2022년 11월 1일 기사) 참조.

'데니 태극기' 등 15점 문화재 등록

〈현존 가장 오래된 태극기〉

63주년 광복절과 대한민국 건국 60주년을 맞아 태극기 15점이 문화재로 등록됐다.

문화재청은 독립기념관 소장 김구 서명문 태극기를 비롯해 역사적 가치가 큰 옛 태극기 자료를 12일자로 문화재로 등록했다고 밝혔다.

이번에 문화재가 된 태극기는 국립중앙박물관 소장 데니(O. N. Denny) 태극기(사진), 김구 서명문 태극기, 하남역사박물관 소장 미 해병대원 버스비어(A. W. Busbea) 기증 태극기, 동덕여대박물관 소장 동덕여자의숙 태극기, 국회 헌정기념관 소장 뉴욕 월도프 아스토리아 호텔 게양 태극기 등 15점이다.

이 중 데니 태극기는 조선 말기 고종이 미국인 외교고문 데니에게 하사했다고 알려진 것으로 국내에서 발견된 태극기 실물 중 가장 오래됐다. 한승주 기자 sjhan@kmib.co.kr

〈데니 태극기, 반환 관련 기사(1)〉

〈데니 태극기, 반환 관련 기사(2)〉

〈데니 태극기, 반환 관련 기사(3)〉

〈데니 태극기, 반환 관련 기사(4)〉

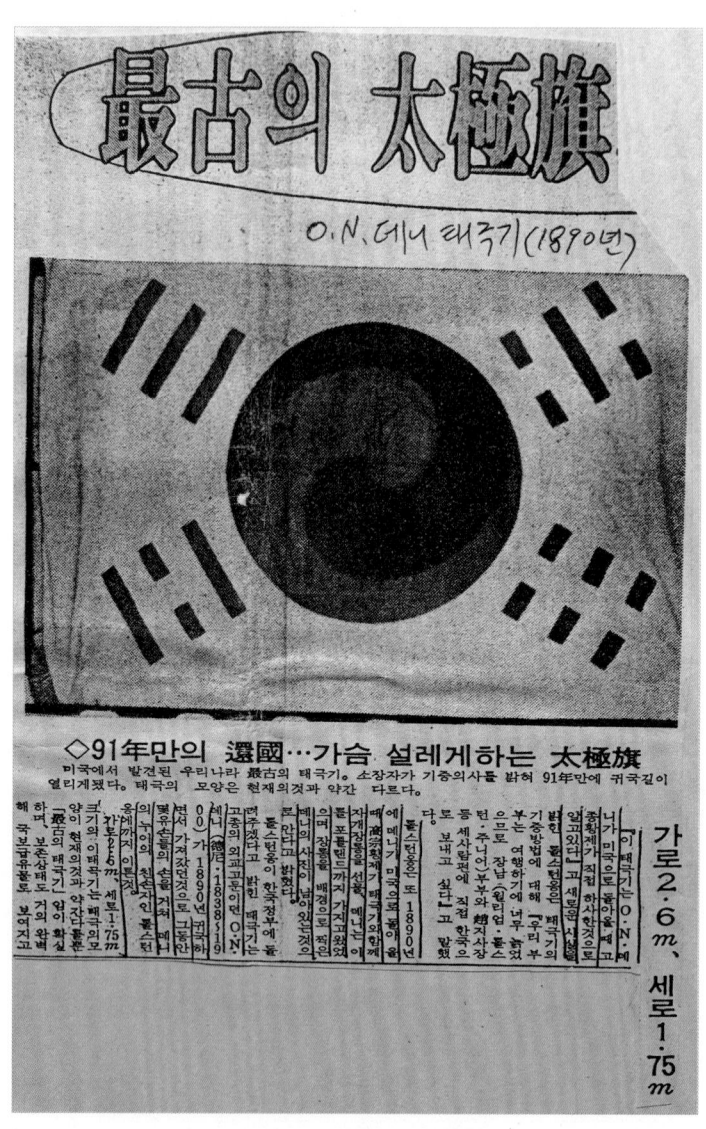

〈데니 태극기, 반환 관련 기사(5)〉

This flag is the Korean nationl flag which was recently discovered in Portland, Ore., and is probably the oldest one preserved. It will return to Korea after 91 years since King Kojong granted it to a departing American diplomat.

Upon Owner's Consent

Oldest Korean Flag To Make Home Return

By Cho Byung-woo
Korea Times Correspondent

PORTLAND, Ore. — The ancient Korean national flag recently discovered here will be shown at the Korea Thea- Plummer, at the Korea Thea- Julie Andrews and Christopher as a background, starring to travel, Ralston said.

Denny was also presented by King Kojong a wooden chest inlaid with mother-of-pearl and brought it to Portland. Ralston said that he knew that a photo of Denny with the chest was kept by his descendants.

Owen Denny was recommended to King Kojong by a Chinese general of the Ching Dynasty in expectation of his support for Chinese policies toward Korea. But Denny advised the king against Ching's interest and the general forced the king to fire him.

〈데니 태극기, 반환 관련 기사(6)〉

Over 90 Years
Oldest National Flag Found at American Home

By Cho Byung-woo
Korea Times Correspondent

PORTLAND, Ore. — A large-sized national flag Taegukki, probably the oldest one preserved, has been discovered at the home of an American here who took it from a relative of Owen Nickerson Denny (1838-1900), a diplomatic adviser to King Kojong.

The discovery of the 260 cm flag, with still vivid red and blue colors of the two intertwined commas forming the center circle of taeguk, was made through a strenuous search by a historian in Seoul.

Prof. Kim Won-mo of Dankuk University confirmed through contacts with Dr. Robert Swartout at Carroll College in Helena, Mont., that the old Korean national flag dating back to around 1890 was preserved at the home of William Ralston in Portland.

Dr. Swartout, an expert on the recent East Asian history, earned his degree with his study of Owen Denny, who served as a diplomatic adviser to King Kojong for four years until 1890, when he returned to the United States from Korea.

When this reporter visited

Owen N. Denny

the home of William Ralston, the present owner of the ancient taegukki was still keeping it in a small bag, which Denny had brought home from Korea carrying the flag and other personal belongings.

The flag was wrapped in sheets of rice paper and a copy of the daily Oregonian April 13, 1900 edition. As the flag was unfolded, the lucid red and blue colors of taeguk strongly impressed the viewer's eyes despite the long years of its existence.

Ralston, 80, a retired lawyer, said he had received the bag containing the flag from

Jessie Scott, daughter of Fernetta White. Fernetta was a daughter of Gertrude White Denny, wife of Denny, from her first marriage to the skipper of a steamship plying along the Columbia River.

Gertrude died in 1933 and her property was bequeathed to Jessie Scott. Jessie donated most of the articles inherited from Denny to a museum in Portland and the rest to Ralston, he explained. Jessie's daughter Stephanie Williams still lives in Portland.

According to Dr. Swartout, Owen Denny was recommended to King Kojong by Li Hung-chang of the Ching Dynasty in expectation of his support for Chinese policies toward Korea. But Denny advised against the Ching interest and Li forced the Korean government to fire him, Swartout said.

Denny had been a judge in Portland before he went to the Far East, and many Portlanders still call him "Judge Denny." He first served as the U.S. consul general in Shanghai in 1881-1882. While working ofr King Kojong," he developed strong affection for Koreans, who were then suffering from influences of foreign powers, Dr. Swartout said.

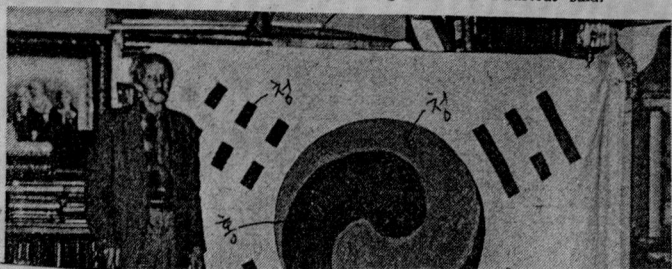

〈데니 태극기, 반환 관련 기사(7)〉

2. 노블(W. A. Noble) 태극기 ; 노블 목사가 소장해 온 태극기 (1890년)

감리교 선교사인 '노블(William Arthur Noble) 목사는 미국 펜실베니아 출신으로 '드류 신학교'를 졸업하고 감리교회의 목사가 된 후 내한하여 배재학당의 교사로 복무했다.

미국 캘리포니아의 클레어몬트 신학교 교수인 김찬희 박사는 1892년~1934년에 한국에서 선교사로 활약한 노블 목사42)의 후손이 보관 중인 태극기 1점을 기독교대한감리회로 보냈다. 2001년 4월 5일, 감리교회는 이 태극기를 일반에 공개했다. 이 태극기는 가로 23.5cm, 세로 18.5cm의 손수건 크기의 태극기로 옥색 명주천에 태극문양과 4괘를 박음질했다.43)

기독교대한감리회 측은 "당시 궁중에서 쓰던 옥색 명주천 바탕에 전통 감색이 사용됐고 게양용이 아니라 휴대용으로 제작된 것으로 미루어 보아 고종의 하사품일 것"으로 추정하고 있다. 노블 목사가 보관해 온 보관함에는 'Princess Y. H. Park(박영효 부인)'이라고 쓰여 있어 박영효 부인이 보관하던 것을 노블 목사가 받아서 소장해 온 것으로 보고 있다. 박영효의 부인은 철종의 딸 영혜(永惠) 옹주다.

이 태극기는 '데니의 태극기(고종의 하사품으로 추정)'나 '쥬이 태극기'의 회오리치는듯한 모습과는 달리 오늘날의 태극기와 비슷한 완만한 모습을 하고 있다.44) 정동제일교회 김대구 권사는 "박영효가 제작한 태극기는 2개로 하나는 미 국립박물관에서 소장하고 있고, 다른 하나는 노블이 소장하고 있었다. 또

---

42) 노블(William Arthur Noble, 魯普乙, 1866-1946)은 1892년에 미국 북감리회 소속 선교사로 조선에 와서 부인 매티 윌콕스 노블(Mattie Wilcox Noble)과 함께 배재학당 교사 등으로 활동하였다. 노블 부부는 태극기 실물 2점을 소장했었는데, 노블이 소장한 태극기는 1890년경 고종이 노블에게 하사한 것으로 알려져 있다.
43) 국립중앙박물관 편, 『대한의 상징, 태극기』 19 참조.
44) "'최초 태극기' 2점 美서 돌아온다", 〈동아일보〉(2002년 2월 27일). ; "노블 일가 소장품 6월경 돌아온다", 〈경향신문〉(2001년 4월 6일). ; "구한말 또 다른 '最古' 태극기 발견", 〈한국일보〉(2001년 4월 6일).

한미수교를 위해 고종황제가 만든 태극기 가운데 현재 소재가 확인된 것은 2개인데 하나는 우리나라 독립기념관에서 보관하고 있고, 나머지 하나는 노블 목사가 소장하고 있다"고 하였다.45)

〈노블 태극기〉46)

---

45) 〈기독교타임즈〉(2002년 3월 2일).
46) 출처 : 국립중앙박물관 편, 『대한의 상징, 태극기』 19.

〈노블 가족〉[47]

〈평양의 감리교선교사들과 함께 한 노블 부부〉[48]

---

47) "태극기 높이 들라, 한민족의 아픔 같이 나눈 부부", 〈국방일보〉(2014년 8월 10일).
48) 출처 : 미국연합감리교회(UMC) Digital Gallery 사이트.

3. '우표' 태극기

〈우초(郵鈔), 우표의 원도안, 1884년, 재현〉49)

'우정총국(郵征總局)'은 1884년(고종 21년)에 설치되어 조선 말기 우체(郵遞) 업무를 담당하던 관청이었다.50)

'우정총국'이 창설되면서 같은 해(1884년)에 '우정국총판' '홍영식'은 5종의 우표 인쇄를 일본에 의뢰하였다. 이때 태극기가 들어간 '우초(郵鈔, 우표)'의

---

49) 우초(郵鈔, 우표)의 원도안을 재현한 것이다. 1884년 홍영식에 의해 한국에서 최초 우편을 창설하고 5종의 우표를 일본에 인쇄를 의뢰하고자 보낸 우표의 원도(原圖)로 현재의 태극기와 가장 가깝다. 먹단색의 원본을 가지고 채색을 가미하여 시간이 흐르는 느낌과 태극기를 강조하였다. 나정태, 『역사의태극기展』(전시회도록, 2008)
50) '우정총국'은 고종 21년(1884년) 4월 22일에 설치되었고, 이날 홍영식(洪英植)을 우정국총판으로 임명하였다. 그해 10월 1일 서울과 인천 간에 처음으로 우체 업무를 시작하였다. 『한국민족문화대백과사전』 인터넷판 참조.
https://encykorea.aks.ac.kr/Article/E0040100

원도안을 함께 보냈다.

이제 최초의 우표가 발행된 이후 중요한 시기에 발행된 태극기 들어간 우표를 살펴보면 다음과 같다.

1) 대조선국 우초(郵鈔, 우표)의 태극도(1884년)

'우초(郵鈔)'는 1884년 11월 18일(음력 10월 1일) 우리나라 최초 우체국인 우정총국(郵征總局)이 문을 열던 날 발행된 5文 우표에 쓰인 말이다. 우리나라 최초우표인 5문 우표에는 맨 위에 '오문'과 함께 한자로 '大朝鮮國郵鈔(대조선국 우초)'라 쓰고, 가운데에 '五文(5문)', 맨 아래에 '5MN'과 함께 한글로 '죠션국우초' 라고 쓰여 있다. 여기서 '文'이라는 것은 당시 화폐단위를 말한다. 이런 연유로 최초 우표를 '文' 단위의 액면이 있다고 하여 속칭 '문위우표'라고 한다.51)

⟨문위(文位) 보통 우표 2종, 1884년 11월 18일 발행⟩52)

당시 우리나라는 인쇄술의 부족으로 우표를 발행할 수 없어서, 태극 문양(홍영식이 보낸 우초 원도안)이 들어간 5문(당시 화폐 단위의 하나)·10문·25문·

---

51) '우정사업본부'의 '한국우표포털서비스(https://stamp.epost.go.kr.)', "시간여행, 2024년 11월호", "우초를 아시나요" 해설 참조.
52) 사진 출처 : 우정사업본부 한국우표포털서비스, https://stamp.epost.go.kr.

50문·100문 가격이 적힌 우표 5종을 일본에 인쇄 주문하였다. 그런데 의뢰했던 도안과는 다른 형태로 제작되었을 뿐만 아니라, 업무 개시일까지 5문과 10문 우초만 먼저 도착하였다. 나머지 우표는 같은 해 12월 4일 김옥균(金玉均: 1851~1894년) 홍영식 등 개화파들이 일으킨 갑신정변이 실패하여 우정총국이 폐쇄될 때까지도 도착하지 않아 발행되지 않았다.53) 도착한 우표도 그나마 '갑신정변'이 일어나는 바람에 사용 기간이 20여 일 미만이었다 한다.54)

〈문위우표 3종, 25문·50문·100문, 1884년 11월 18일 발행〉55)

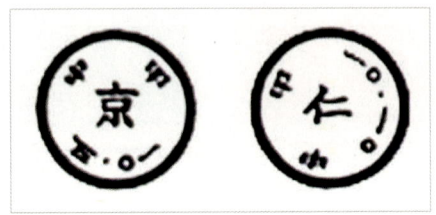

〈우리나라 최초의 날짜 도장〉56)

---

53) 국립중앙박물관 편, 『대한의 상징, 태극기』 75 참조.
54) 송춘영, 『태극기의 어제와 오늘』 145 참조.
55) 이 우표는 우정총국이 폐쇄될 때까지 도착되지 않아 사용하지 못하게 되었다. 사진 출처 : 우정사업본부 한국우표포털서비스, https://stamp.epost.go.kr.
56) 한성우체사 '날짜도장'과 인천우체사 '날짜도장'이다. 사진 출처 : 우정사업본부 한국우표포털서비스, https://stamp.epost.go.kr.

2) 태극(太極) 보통 우표 초판 4종의 태극기 (1895년)

우리나라 최초우표인 '문위 우표'가 발행된 후 10여 년 동안 우편 업무는 공백기를 맞게 된다. 그리고 1895년(고종 22) 7월 22일 우정 사업이 재개되면서 태극 문양 우표 4종이 발행되었다.57)

최초로 우표에 태극기가 들어간 4종의 우표이다. 1897년 10월에 '미국 워싱턴'의 'B. GRAHAM BANK'에서 인쇄했고, 중앙 태극은 '음·양 태극'이 아니라, 한 개의 태극이 꼬리를 물고 도는 모양을 하고 있다.

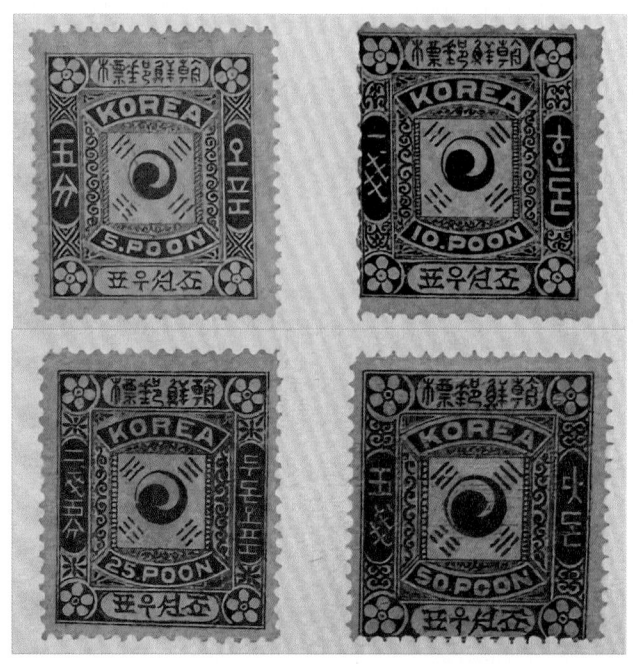

〈태극(太極) 보통 우표 4종, 1895년 7월 22일 발행〉58)

---

57) 국립중앙박물관 편, 『대한의 상징, 태극기』 75.
58) 사진 출처: 국립중앙박물관 편, 『대한의 상징, 태극기』 74.

3) 이화(李花) 보통 우표 14종의 태극 문양 (1900년)

1900년 외국과 우편 업무를 시작하며 새로 이화(李花: 대한제국 황실을 상징하는 문장으로서의 오얏꽃) 문양을 넣은 보통 우표 14종이 발행되었다. 이어서 1905년 6월 독수리 문양을 넣은 보통 우표 13종, 그리고 기념우표 1종을 각각 발행하였다.59)

1905년 4월 1일 한일통신합동조약에 의하여 전국의 우체사(郵遞司, 우체국)는 1905년 7월 2일 일본에 강제 접수되었다. 당시 남아 있던 대한제국 우표는 1909년 8월 31일까지 일본 우표와 함께 사용되었다.60)

〈이화(李花) 보통 우표 14종, 1900년 1월 ~1901년 5월〉61)

---

59) 국립중앙박물관 편, 『대한의 상징, 태극기』 75 참조.
60) 국립중앙박물관 편, 『대한의 상징, 태극기』 75 참조.
61) 사진 출처; 국립중앙박물관 편, 『대한의 상징, 태극기』 75.

4. '조선의 놀이'(1895년대)에 실린 태극기

미국의 고고학자인 '스튜어트 컬린(Stewart Culin, 1858-1929)'이 저술한 『조선의 놀이: 중국, 일본 놀이와 비교하여(Korean Games: With Notes on the Corresponding Games of China and Japan)』는 1895년에 초판이 발행되었다. 이 책에는 한국의 전통 놀이 97종을 일본과 중국의 놀이와 비교하여 173개의 삽화와 함께 상세히 소개하고 있다. 특히 김준근(金俊根, ?-?)의 풍속화 22점을 원색 삽화로 수록하였는데, 책의 표지에 태극기가 실려 있다.[62]

〈'조선의 놀이'에 실린 태극기〉

---

[62] 책에 수록된 김준근의 풍속화 22점은 '펜실베이니아주립대학교 고고학박물관' [University of Pennsylvania Museum of Archaeology and Anthropology]에 원본이 소장되어 있다.
https://archive.org/details/cu31924023272424/mode/2up

5. 독립문 조각(彫刻) 태극기(太極旗, 1896년)

서대문에 위치한 독립문에 조각되어 있는 태극기의 8괘의 배치는 복희 팔괘에 따른 것도 아니고, 문왕 팔괘도에 따른 것도 아닌 정통 역술 이론에는 없는 천지도수(天地度數)를 바꿔어 놓은 변칙 태극도다.63)

1945년 8·15 광복 후에 광복회 측에서는 이 도안을 국기제정위원회에 제출했다.

〈대한제국이 세운 독립문 전경, 건립 직후〉

---

63) 白紋燮, 『올바른 태극기 해설』 100.

〈영은문 터에서 바라본 독립문 전경, 해방직후의 모습〉

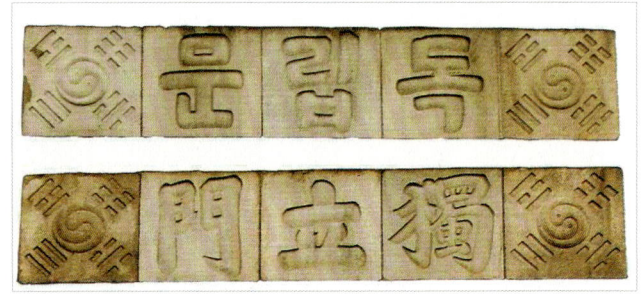

〈독립문과 태극기 조각(彫刻)〉

〈독립문에 새긴 태극기 조각(彫刻)〉

〈독립문과 태극기 조각(彫刻), 하단에 오얏꽃 문양〉

6. 고종황제 탄신 기념일 태극기 게양

⟨1897년 고종의 탄신일을 맞은 평양기독교인들⟩

  고종은 1897년(고종 34년) 10월 12일 대한제국(大韓帝國)을 선포한 후에 자신을 황제(皇帝)라고 칭하고, '만수성절(萬壽聖節)' 곧 '황제탄신기념일'을 제정했다. 이를 계기로 한국 기독교는 '충군애국' 신앙을 공개적으로 표현했다. 이 행사에는 어김없이 태극기가 게양되었고, 각종 악기를 사용해 '애국가'와 '독립가' 등을 불렀다.64)

---

64) 홍승표, "행군 나팔 소리에 태극기를 높이 들고", ⟨뉴스앤조이⟩(2020년 9월 3일). ; 홍승표, 『태극기와 한국교회』(서울: IYAGI, 2022) 122-123 참조.

7. 신문에 새긴 태극기 ; "독립신문, 황성신문, 제국신문"

〈독립신문 창간호, 1896년 4월 7일〉

〈독립신문 13호, 1896년 5월 5일〉

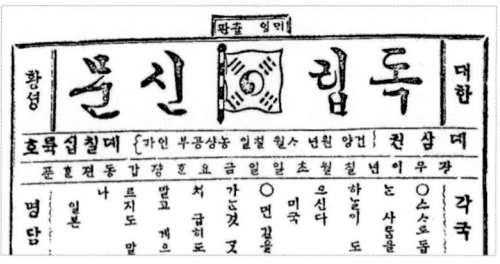

〈독립신문 78호, 1898년 7월 1일〉

"독립신문"은 1896년 4월 7일에 창간된 우리나라 최초의 민간 신문이다. 독립신문은 '국문판'과 '영문판'으로 구성되었으며, '격일간지'로 출발해 '일간지'로 발전하였다.

처음에는 제호(題號)에 태극기 없이 "독닙신문"이라 되어 있었는데, 1896년 5월 2일(13호)에 발행한 신문부터 제호가 "독립신문"으로 바뀌면서 태극기가 삽입되기 시작했다. 그리고 1898년 7월 1일(78호)에 발행한 신문부터 제호의 서체와 태극기의 형태가 바뀌었다.

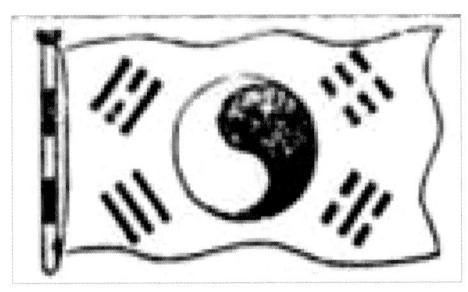 

〈독립신문 13호, 1896년 5월 5일〉　　〈독립신문 78호, 1898년 7월 1일〉

위의 '독립신문' 태극기의 특징은 다음과 같다.[65]

① 태극 : '13호'로 발행된 신문(이하 13호)의 태극기는 태극 원(圓) 안의 검은색이 오른쪽에 있으나, '78호'로 발행된 신문(이하 78호)의 태극기에는 왼쪽에 있다.

② 태극기의 형태 : '13호' 태극기는 직사각형이고, '78호'는 정사각형이다.

③ 4괘의 위치 : '13호' 태극기는 건괘(乾卦, ☰)와 리괘(離卦, ☲), 그리고 감괘(坎卦, ☵)와 곤괘(坤卦, ☷)의 위치가 바뀌었다. 반면에 '78호' 태극기는 4괘의 배치가 현행 태극기와 동일하다.

이와 같이 초기의 태극기에서 '음양(陰陽)의 위치와 4괘(卦)의 위치와 배치가 다른 것은 당시 조정에서 국기를 공포할 때 그 규정을 세부적으로 정하지 않

---

[65] 송춘영, 『태극기의 어제와 오늘』 151 참조.

앉기 때문으로 보인다.

한편 1898년 9월 5일에 창간된 "황성신문(皇城新聞)"과 1898년 8월 10일에 창간된 "제국신문(帝國新聞)"의 "제호(題號)"에도 태극기가 포함되어 있다.

"황성신문"은 한자 '제호' "皇城新聞" 위쪽에, 두 개의 태극기를 교차시킨 형태로 자리 잡고 있다. 아울러 4괘의 위치는 건괘(乾卦, ☰)와 리괘(離卦, ☲), 그리고 감괘(坎卦, ☵)와 곤괘(坤卦, ☷)의 위치가 바뀌었다. 그런데 1905년 4월 1일(1905호)에 발행된 신문부터 '제호'의 글자체가 바뀌었고, 태극기도 이전과 다른 모양으로 '皇城'과 '新聞' 사이에 위치하는 것으로 바뀌었다. 아울러 4괘의 위치도 현재의 태극기와 동일한 위치로 바뀌었다.

〈황성신문 창간호, 1898년 9월 5일〉

〈황성신문 1905호, 1905년 4월 1일〉

"제국신문"은 한글 '제호' "뎨국신문"의 중앙에 태극기가 위치해 있다. 그런데 1901년 5월 6일(95호)에 발행된 신문부터 태극기의 모양이 두 개의 태극기가 교차하는 형태로 바뀌었다.

 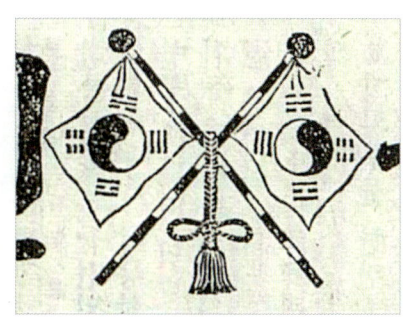

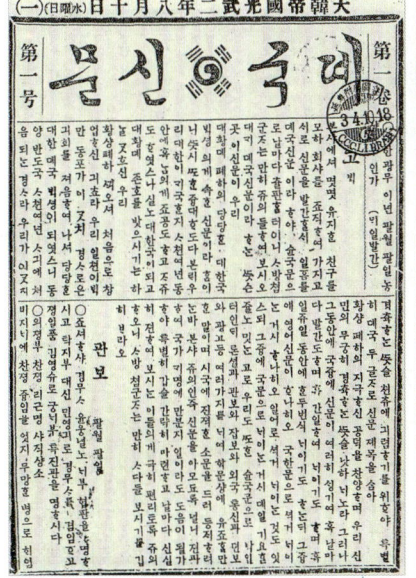 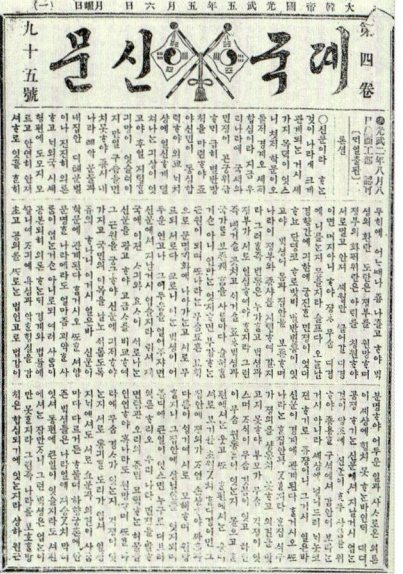

〈제국신문 창간호, 1898년 8월 10일〉 〈제국신문 95호, 1901년 5월 6일〉

8. 프랑스 엽서에 소개된 태극기 (1885년경)

 이 자료는 프랑스에서 1885년~1908년 사이에 발행된 것으로 추정되는 엽서이다. 엽서의 오른쪽 위에 태극기가 선명하게 그려져 있고, 왼쪽 아래에는 5문짜리 '문위 우표'가 있다.

9. 대한제국 선포 전·후의 태극기 이미지 (1890년~1900년경)

① 〈고종황제 어진과 태극기-1900년경〉

② 〈흥선대원군과 태극기-1890년〉

③ 〈광화문과 태극기-1910년〉

④ 〈숭례문과 태극문양-1890년〉

⑤ 〈한복 입은 여인과 태극기-1908년〉

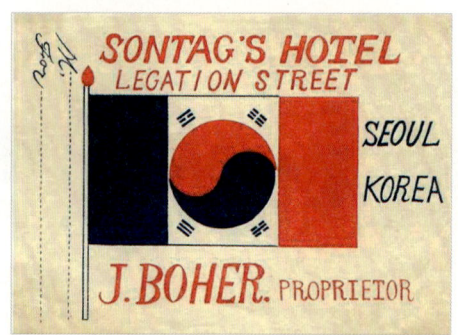

⑥ 〈손탁호텔 수하물표 속의 태극기-1909년경〉

'대한제국 전·후'와 '일제강점기'에 세계 각국에서는 상품 홍보와 소개를 위해 광고 카드와 호텔 수화물표 등을 만들 때 태극기 이미지를 사용하였다.

이를 통해 그 당시 사용되던 태극기가 어떤 형태를 띠고 있었는지를 발견할 수 있다.

① 고종황제의 어진이 그려진 태극기를 사용한 카드이다. 이는 1900년경 미국의 '앤 밀러 앤 선즈(L. Miller & Son's)'사가 자사의 담배 홍보를 위해 발행한 것이다

② 흥선 대원군이 그려진 태극기이다. 이는 1890년대 페루의 '임페리얼 초콜릿사'가 발행한 상품 카드이다.

③ 광화문과 해태상을 배경으로 한 태극기이다. 이는 1910년대 독일의 식품회사인 '하트위그 & 보겔'이 발행한 상품 카드이다.

④ 숭례문과 태극 문양이 그려진 엽서이다. 1899년쯤 독일에서 발행된 것으로 당시의 사회상을 보여주고 있다.

⑤ 한복을 입은 여인이 태극기를 들고 있는 카드이다. 이는 1908년경 담배회사가 발행한 것이다.

⑥ 우리나라 최초의 서구식 호텔인 '손탁호텔'[1)]의 수화물표에 실린 태극기이다. 1909년경에 발행된 것이다.

지금까지 살펴본 태극기 이미지들은 지난 2013년 11월에 엽서로 제작되어 소개된 것인데, 대부분 최초로 공개된 것이었다고 한다.[2)]

---

1) 손탁호텔 : 대한제국에서 1902년(광무 6년)에 기존의 양관(洋館)을 헐고 2층짜리 양관으로 재건축한 뒤 '손탁(마리 안토아네트 존타크, 1854년~1922년)'에게 경영을 맡겼는데, 창립자인 '손탁'의 이름을 따서 '손탁호텔'이라고 불렀다. 지금의 중구 정동에 위치했으며 오늘날에는 그 터만 남아있다. 당시에는 '손탁빈관(Sontag賓館)'이라고 부르기도 했다.
2) 이 엽서는 한국 문화에 관한 영문도서 출판사인 '서울셀렉션'이 '20세기 초 서양인들이 그린 태극기'라는 제목으로 제작한 것인데, 국내외 태극기 이미지 수집가들의 도움을 받아 만들었다고 한다. "희귀한 구한말 '태극기 그림엽서' 12점 국내 첫선", 〈국민일보〉(2013년 11월 19일).
https://www.kmib.co.kr/article/view.asp?arcid=0007767933

10. 고종황제 '태극기'

 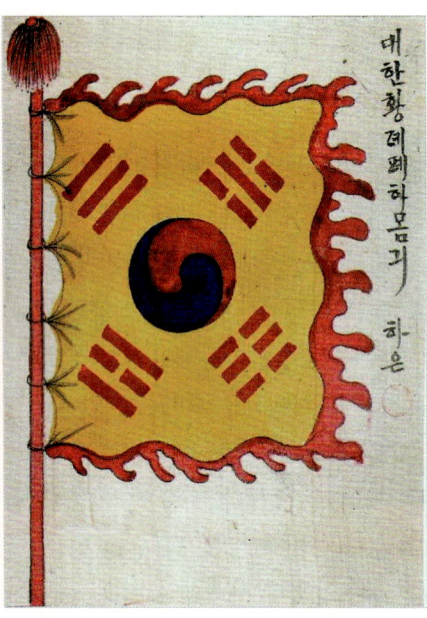

① 〈고종황제 어진과 태극기, 1900년 초〉3)　　② 〈황제폐하 몸기 그림-1907년〉

'고종(高宗)'은 1897년 8월에 근대국가의 체제를 갖춘 '대한제국(大韓帝國)'을 세우고, 한반도가 '자주 국가'임을 대내외에 천명했다. 그리고 대한제국의 다양한 상징물을 제작한 것으로 보인다.

①은 '엽서'인데, 근대화된 황제의 제복과 훈장 및 예도(禮刀) 등을 착용한 고종황제의 어진과 태극기, 그리고 황실의 상징화(象徵花)인 이화(李花) 문양을 넣어 제작했다. ②는 '국립민속박물관'에서 소장하고 있는 "대한황제폐하몸기"라는 그림이다.

---

3) 출처 : "구한말 한국전쟁 함께 한 태극기 빛", 〈경향신문〉(2015년 6월 22일).

11. 태극기 이미지를 상표에 도입한 외국 기업(1901년)

 동방의 작은 나라 조선은 태극기와 함께 미국이나 유럽에서 열린 대규모 박람회를 통해 전 세계에 알려졌다.
 그리고 놀랍게도 태극기의 태극 문양을 자사의 상표에 도입한 기업이 등장했다. 그 기업은 바로 미국에서 1864년에 설립된 '북태평양철도회사(Northern Pacific Railway)'였다.
 이 회사에서는 1892년부터 1909년까지 매년 1회 'Wonderland'라는 홍보 잡지를 발간했는데, 편집장인 '올린 휠러(Olin D. Wheeler)'가 1901년 호에 'THE HISTORY OF A TRADE-MARK(상표의 역사)'라는 제목의 글을 올렸다. 여기에서 그는 '태극 문양'을 '북태평양철도회사'의 상표로 채택하기까지의 과정을 서술하고 있다.

① 〈Wonderland, 본문〉[4]

---

[4] ①~⑧의 자료 출처 : 인터넷 아카이브(Internet Archive)
 https://archive.org/details/wonderland1901nort/mode/2up

'휠러'는 이 글에서, "이 상표 디자인은 1893년에 '맥 헨리(E. H. McHenry) 씨'에 의해 발견되고 채택되었다. '맥 헨리'가 세계 박람회의 한국 전시관을 방문했을 때, 한국 국기에 포함된 기하학적 문양이 눈에 들어왔는데, 간결하면서도 눈길을 사로잡는 디자인이었다. 이 태극기의 문양이 상표의 기초가 되었고, 한국 국기의 원형을 바탕으로 한 상표를 개발하였다."라고 서술하였다.

또한 '휠러'는 이 글에서 '한국의 국기'인 태극기에서 아이디어를 얻어 상표를 제작했다고 여러 번 밝히고 있다. 더 나아가 그는 '원래 태극 문양의 기원은 중국이며, 중국과 한국에서 널리 사용해 왔지만, 이를 국기에 활용한 나라는 한국이 유일하다'고 말하며, 당시에 사용되던 '태극기'와 '태극 문양'을 '삽화'로 넣어서 소개하고 있다.5)

② 〈Wonderland, 1901년, 표지 앞〉

③ 〈Wonderland, 1901년, 표지 뒤〉

---

5) Olin D. Wheeler, 『Wonderland』(1901년) 5-19 참조. 본문에 소개한 ④, ⑤, ⑥, ⑦ 자료 참조.

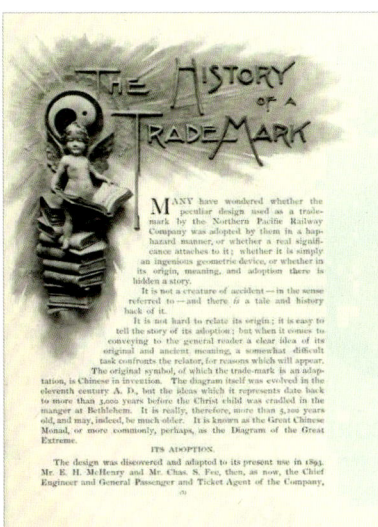

④ 〈Wonderland, 본문〉

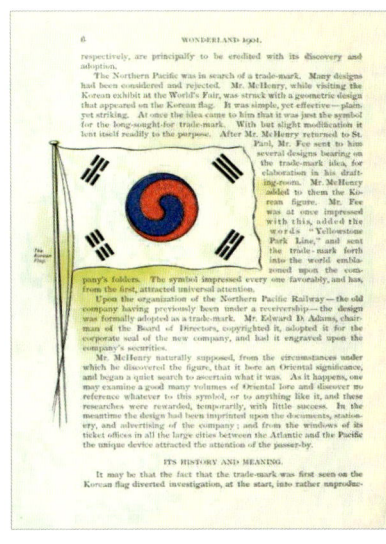

⑤ 〈Wonderland, 본문〉

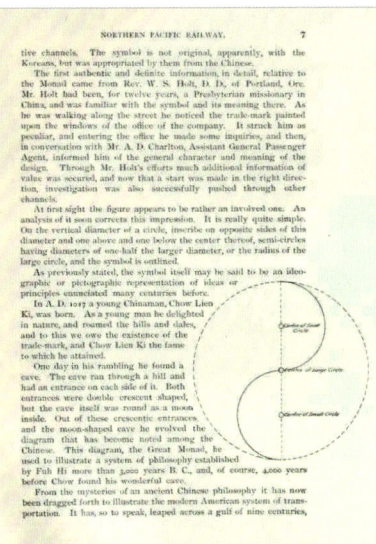

⑥ 〈Wonderland, 본문〉

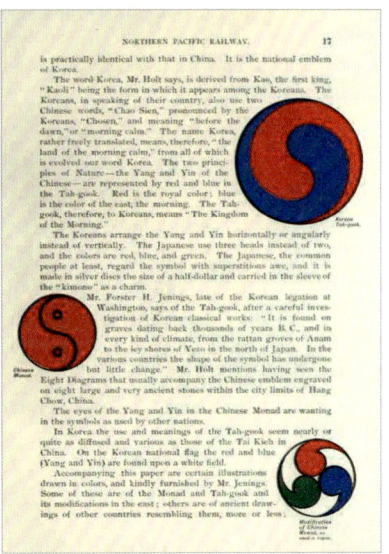

⑦ 〈Wonderland, 본문〉

F. 박영효 태극기 이후의 태극기들 | 107

12. '에스터 하우스 호텔(Astor House Hotel) 수화물표' 태극기(1901년)

〈에스터 하우스 호텔 수화물표 태극기〉

〈에스터 하우스 호텔 전경〉

'에스터 하우스 호텔(Astor House Hotel)'은 개화기의 대표적 서양식 호텔이었다. 이 호텔의 전신(前身)은 '스테이션 호텔(Station Hotel)'인데 대한제국 당시 영국인 '앰벌리(W. H. Emberley)'가 서대문역 근처에서 개업했다. 처음에는 한옥을 개조한 단층 숙박시설이었는데, 1901년경에 2층 양관(洋館)으로 건축하였다.

이후 '마르탱'이 호텔을 인수하면서 '에스터 하우스 호텔'로 이름을 바꾸었다. '마르탱'은 '애스터 하우스'를 단순한 숙박시설을 넘어 때로는 영화 상영관으로, 때로는 한성과 제물포에 거주하는 서양인 음악가들이 출연하는 유료 콘서트를 개최하는 새로운 문화 공간으로 폭넓게 활용하였다. 최초의 활동사진(영화)이 상영된 장소였던 것이다.

그런가 하면 '조선의 마타하리'로 불렸던 일본의 밀정 배정자가 세 번째 남편인 박영철과 결혼식을 올린 곳이 바로 이곳 '애스터 하우스'였다. 말하자면 서양식 호텔 결혼식의 효시인 셈이다.

한편 이곳은 대한매일신보의 사장이자 대한제국의 입장에서 일본에 항거한 영국 언론인 '어니스트 베델(Ernest Thomas Bethell 裵說, 1872~1909)'의 주요 활동 장소이자 그가 숨을 거둔 곳이기도 하다.

바로 이 호텔의 '수하물표'에 태극기 도안이 사용되었다.6)

13. 만민공동회 종로 강연회 (1898년)

'만민공동회(萬民共同會)' 또는 '관민공동회(官民共同會)'는 조선말, 대한제국 시기에 열린 대토론회로써 '시민운동'의 하나라고 할 수 있다. 이를 주관한 단체는 독립협회인데, 1897년(광무 1년) 초에 독립협회의 서재필, 윤치호, 이상재

---

6) "조선의 호텔, 대불호텔에서 손탁호텔까지", 〈아시아경제〉(2012년 5월 20일) 참조. https://www.asiae.co.kr/article/2012050207430888443 ; "조선을 끝까지 지키려 했던 영국인 어니스트 베델이 있었다" 〈한국경제〉(2024년 3월 28일) 참조. https://www.hankyung.com/article/202312288776i

등에 의해 처음 시작되었다. 이후 1898년 4월을 기점으로 독립협회의 영향력에서 독자적인 민중대회, 단체로 성장했다. 만민공동회가 열린 장면을 사진이나 기록화로 남긴 자료를 보면 광장 중앙의 게양대에 대형 태극기가 휘날리고 주변 곳곳에서도 태극기가 있는 것을 발견할 수 있다. 또한 이 당시에 '백정' 출신의 '기독교인'인 '박성춘'이 연사로 나서 연설했는데, 이를 묘사한 기록화에는 강단의 배경에 태극기가 걸려 있음을 발견할 수 있다.

〈만민공동회에 모인 군중과 태극기〉

〈백정 출신 박성춘의 강연, 기록화〉

G. 서기 1900년 이후의 태극기들

1. 강릉 선교장(船橋莊) 내에 설립된 동진학교 태극기

강릉의 선교장에서 간직해 오던 태극기는 1900년 무렵에 만들어졌다가 1908년 선교장[7] 내에 설립된 '동진학교'에 보관해 오던 태극기다.

동진학교는 선교장의 주인인 이근우가 1908년에 세운 근대식 학교다. 당시 동진학교에서 만든 태극기가 두 개였는데, 이 학교가 일제의 탄압으로 개교한 그 이듬해에 문을 닫게 되자, 태극기 하나를 항아리에 담아 땅속에 보관해오다가 1945년 8·15 광복 후에 하나는 임시정부에 기증했고, 나머지 하나는 선교장에서 보관해 온 것이다.

〈강릉 선교장 전경, 사진 출처 ; 국가유산청〉

---

[7] 선교장의 내력은 이렇다. 1700년 무렵, 세종대왕의 형 효령대군의 11세손 '이내번'이 충주에서 거주했다. 그의 부친이 별세하자, 모친을 모시고 강릉으로 이거했다. 처음에는 경포대 쪽에서 살다가 자산이 점점 증가하자 보다 넓은 곳으로 이주할 장소를 물색하던 중, 족제비 한 떼가 나타나 일렬로 서북쪽으로 이동하는 것을 보고 기이히 여겨 그 족제비를 따라가서 선교장 집터를 잡았다. 그 뒤 후손 10대에 걸쳐 살면서 건물 10동에 120칸에 이르는 집이 되었다. 옛날 경포호가 지금보다 더 넓었을 때, 배로 다리를 만들어 경포호수를 가로질러 건너다녔다고 한다. '배다리에 있는 집'이라고 해서 '선교장(船橋莊)'이라 했다 한다.

〈선교장 태극기, 사진 출처 ; 국가유산청〉

〈동진학교 개교식 기념사진〉8)

---

8) "선교장 태극기 문화재 예고, 1900년 전후 제작", 〈서울경제〉, (2015년 2월 15일).

現存 둘째로 오래된

조선일보. 15, 2, 16

1890년대 제작 '선교장 태극기'
동진학교 설립 사진에도 등장
"태극기史 밝힐 귀중한 자료"

구한말 애국계몽운동에 사용된 강릉 선교장(船橋莊·중요민속자료 제5호) 태극기가 등록문화재로 사실상 확정됐다. 지난 10일 열린 문화재위원회 근대문화재분과위원회(위원장 김영식)는 강원 강릉의 사대부 가옥인 선교장 내부 수리 도중 발견된 태극기에 대해 "문화재로 등록한다"고 의결했다. 등록문화재란 멸실 위기에 처한 근대 문화유산을 보존하기 위해 2001년 도입된 제도다.

문화재 전문가들은 '강릉 선교장 소장 태극기(이하 선교장 태극기)'의 제작시기를 1890년대로 추정하고 있다. 현존 최고(最古) 태극기로 밝혀진 '데니 태극기(등록문화재 제382호)'에 이어 둘째로 오래된 태극기인 셈이다. 고종이 구한말 외교고문을 지낸 미국인 데니에게 하사한 태극기는 1890년에 만들어진 것으로 추정되며, 지금까지 실물이 남아있는 태극기 중 가장 먼저 만들어진 것으로 전해져 왔다.

선교장 태극기는 지난해 11월 선교장 내부를 수리하면서 발견됐다.

이강백 선교장 관장은 "1891~1897년 선교장에서 직접 재봉틀로 제작한 태극기"라며 "집안 어른들이 일제강점기부터 큰 항아리에 묻어 보관해왔다. 1950년대 이후 행방을 알 수 없다가 이번에 찾은 것"이라고 했다.

선교장 태극기는 무명 두 폭을 이음질해 가로 153cm, 세로 145cm 크기로 잘라낸 다음 테두리를 재봉틀로 두 줄 박음질했다. 바탕에서 태극 문양과 4괘의 모양을 오려낸 후 크기에 맞게 메우고 다시 재봉틀로 정교하게 두 줄 박음질해 완성했다. 이 관장의 증조부인 이근우(1877~1938)가 1908년 설립한 근대식 학교인 동진(東進)학교 개교식 기념사진에도 이 태극기가 게양된 모습이 남아 있다. 이 관장은 "당시 태극기 2점을 제작했는데 다른 하나는 광복 후 김구 선생에게 선물해 대한민국 임시정부에 기증했다고 하는데 이후 행방은 모른다"고 했다.

'선교장 태극기' 현장조사를 맡은 송명호 중부대 교수 등은 "이 관장의 증언과 현지 조사 결과를 종합해 볼 때, 선교장 태극기는 1890년대 제작된 태극기로 판단되므로 희귀성이 높다"며 "구한말 태극기의 형태나 제작기법 등을 알 수 있는 귀중한 자료"라는 의견을 냈다.

〈신문기사, "조선일보", 2015년 2월 15일〉

〈신문기사, "조선일보", 2015년 2월 15일〉

2. 성냥 상표에 등장한 태극기 (1900년대)

1883년 3월에 고종(高宗) 임금이 태극기를 조선의 국기로 공포한 후, 당시에 판매되던 '성냥'의 상표에 다양한 모양의 태극기가 등장하기 시작했다.[9]

---

9) 자료 출처 : 이병근, 『역사로 만나는 우리 태극기』(서울; 서울셀렉션, 2015)

    1900년대에 유통되던 성냥은 대부분 일본에서 생산된 것이었다. 그중에 대표적인 기업이 '코이즈미(小泉) 성냥'이었다. 당시 성냥공장들이 태극기를 상표에 사용하면서, 때로는 일장기를 동시에 사용한 경우도 있었다. 또한 남대문을 배경으로 하여 태극기와 욱일승천기를 교차로 사용한 상표도 있었다.10)

---

10) 자료 출처 : 이병근, 『역사로 만나는 우리 태극기』

3. 프랑스에서 제작된 보드게임에 그려진 태극기 (1904년)

〈'보드 게임'에 그려진 태극기, 프랑스, 1904년경〉[11]

1904년~1905년 때의 러일전쟁을 소재로 하여 프랑스에서 제작한 보드게임. 태극기와 함께 당시 중국과 한반도를 둘러싸고 각축을 벌이던 청(淸)나라·러시아·프랑스·독일·일본의 국기가 그려져 있다.

그런데 태극기를 자세히 살펴보면 4괘(卦)가 똑같은 모양으로 그려져 있는데, 그나마 정체불명의 형태로 되어 있다. 태극기에 대한 이해 없이 상품에 적용한 결과이다.

---

11) 자료 출처 : 이병근, 『역사로 만나는 우리 태극기』 ; "일제시대에 팔린 태극기 기념품", 〈경향신문〉(2015년 6월 22일 기사) 참조.

4. 파리 박람회장에 게양했던 태극기 (1900년 4월)

〈'르 프티 주르날'에 실린 대한제국 화보-1900년〉

　1886년 조선은 프랑스와 통상조약을 맺었고, 이후 1900년 4월에 '파리'에서 열린 "파리 만국박람회"에 참가했다. 이때 출품한 상품은 비단·도자기·장롱·그림·책·악기·의복 등이었는데, 이를 전시할 '조선국제관'에 태극기를 게양했다.
　위의 자료는 그 당시 프랑스의 주간지 〈르 프티 주르날(Le Petit Journal)〉에 실린 대한제국 전시관 모습을 소개한 화보이다. 화보의 오른쪽 위에 태극 문양과 함께 4개의 태극기가 그려져 있는데, 4괘의 위치가 '십자가(十字架)' 모양으로 되어 있는 것이 특징이다.

〈1900년 파리박람회 계양 태극기〉　　〈1900년 파리박람회 계양 태극기, 재현〉[12]

〈정귀조 소장 태극기〉[13]

---

[12] 1900년 파리 박람회에 계양했던 태극기. / 재현 / 출처; 나정태, 『역사의태극기展』(전시회도록, 2008)

[13] '정귀조' 소장 태극기는 일제강점기 정귀조 선생이 군청에 계양된 일장기를 가져와 그린 태극기인데, 1900년 파리박람회 계양 태극기와 비슷한 모양이다. 독립기념관 소장.

5) 워싱턴 '주미 대한제국공사관' (1900년대 초)

조선이 외국과 '통상조약'과 '수호조약'을 맺은 다음 각국에 '공사관'을 설치하기 시작했다. 이와 함께 태극기도 해외 공사관 등, 공공기관에 공식적으로 게양되기 시작했다. 대표적인 곳이 "재미국 화성돈(워싱턴) 조선공사관(在美國華盛頓朝鮮公使館)"이었다.

〈'재 미국 화성돈(워싱턴) 조선공사관'〉[14]

---

[14] 두 번째 공관. 건물옥상에 '국기'라는 글자와 함께 국기게양대가 있고, '개국 498년 4월초9일(양력 1889년 5월8일)'이라는 조선의 개국연호를 써놓았다. 사진 아래는 한자로 '재미국화성돈조선공사관지도(在美國華盛頓朝鮮公使館之圖)라고 적혀 있다. / 연세대박물관 소장. 출처; "박정양 초대주미공사의 '워싱턴' 데뷔기"(이가환의 흔적의 역사), 〈경향신문〉(2018년 6월 6일).

〈'미국 워싱턴 대한제국 공사관'〉15)

---

15) 1900년대 미주 한인 사이에서 유통된 엽서. 전면에 주미대한제국공사관 건물이 인쇄되었다. 옥상 국기게양대가 있는 부분에 태극기 그림을 그려넣었다. 미주 한인 사이에서 공사관은 태극기와 마찬가지로 대한제국의 상징으로 자리잡고 있었음을 알 수 있다. 출처; "박정양 초대주미공사의 '워싱턴' 데뷔기"(이가환의 흔적의 역사), 〈경향신문〉(2018년 6월 6일).

〈'미국 워싱턴 대한제국 공사관' 입구의 태극기〉16)

〈초대 주미공사관원 일행-국립고궁박물관 제공〉

---

16) 1891년 고종의 내탕금 2만5000달러로 사들인 두번째 공관. 태극문양이 선명하다(독립기념관 소장). 출처; "박정양 초대주미공사의 '워싱턴' 데뷔기"(이가환의 흔적의 역사), 〈경향신문〉(2018년 6월 6일).

〈1900년대 초기 주미대한제국공사관 내부 모습. 우측은 2018년 복원공사 후의 모습〉[17]

〈국민일보, 2012년 8월 22일 기사〉

---

17) 사진 출처 : "102년 만에 우리 품에 돌아온 주미대한제국공사관", 〈한국일보〉(2021년 8월 7일 기사).

〈위의 사진은 1900년대 초 주미대한제국공사관 모습.
아래 사진은 2018년 복원 공사 후의 모습〉[18]

[18) 사진 출처 : "102년 만에 우리 품에 돌아온 주미대한제국공사관", 〈한국일보〉(2021년 8월 7일 기사).

H. 하와이 태극기들

1. 하와이 첫 이민 태극기 (1904년)

〈먼저 도착한 하와이 이민자들이 새 이민자들을 환영하는 모습〉

한국인의 미주 지역 이민은 1902년 하와이 사탕수수 농장의 노동자로 떠나면서 시작되었다. 주한 미국 공사인 앨런이 하와이 총독에게 한국인 노동자의 이민을 권유하였고, 대한제국 정부에서도 이민 사업을 추진하였기 때문이다. 1902년 12월 22일 한국인 121명이 인천 제물포를 떠나서, 중간에 탈락한 일부를 제외하고 102명이 1903년 1월 13일 하와이 호놀룰루에 도착했다. 이를 시작으로 1903년에 1100여 명, 1904년에 3400여 명, 1905년에 2600여 명이 새로운 삶을 개척하기 위해 하와이로 떠났다. 하지만 이후 대한제국 정부는 이민 금지령을 내려 하와이로의 노동 이주 사업을 중단하였다.[19]

---

[19] "1902년 하와이로 간 한국인 100여명… 첫 미주 지역 이민이었죠" 〈조선일보〉(2024년 12월 26일 기사) 참조.

2. 하와이 한인감리교회 윤치호 환영 태극기 (1905년)

〈1905년 윤치호 외부협판이 하와이 한인감리교회를 방문했을 당시의 모습. 윤치호와 하와이 교민들 위로 태극기가 게양돼 있다.〉20)

3. 고종 황제 탄신기념일 후의 태극기 (1907년)

〈고종황제 탄신기념식을 마친 직후의 하와이 한인들. 태극기를 게양했다.〉21)

20) 출처 : "교차 게양된 성조기와 태극기(2)", 〈뉴스앤조이〉(2021년 8월 18일).
21) 출처 : "교차 게양된 성조기와 태극기(2)", 〈뉴스앤조이〉(2021년 8월 18일).

4. 오아우 섬 카우후쿠(Kahuku) 교회 태극기 (1908년)[22]

5. 대한인국민회 하와이지방 총회 태극기 (1909년)

〈대한인국민회 하와이 총회 창립위원들. 태극기와 성조기가 게양되었다.〉[23]

---

22) Christ UMC,《그리스도연합감리교회100년사진역사》(서울: 쿰란출판사, 2003) 70.
23) 대한인국민회(大韓人國民會, Korean National Association) : 1910년 2월 10일 샌프란시스코 재미 한인독립운동단체 '국민회'와 '대동보국회'가 통합하여 개편된 단체이다. 안창호, 박용만, 이승만 등이 참여하고 이끌었다. ※사진 출처 : 독립기념관

6. 유니언 밀(Union Mill) 교회 태극기 (1909년)24)

7. 파파알로아 교회(Papaaloa Church) 태극기 (1910년)25)

---

24) 앞줄 나비넥타이를 맨 이가 이선일 목사이다. 사진 출처 : Christ UMC,《그리스도연합감리교회100년사진역사》 70.
25) Christ UMC,《그리스도연합감리교회100년사진역사》 70.

8. 김이제 목사와 마카벨리 교회 태극기 (1911년)[26]

9. 대한인국민회 하와이 지방총회와 태극기 (1915년)

〈1915년 대한인국민회 하와이지방총회의 태극기와 성조기〉[27]

---

26) 앞줄 가운데가 김이제 목사이다. Christ UMC,《그리스도연합감리교회100년사진역사》 68.
27) 태극기를 중앙에 걸고 양쪽에 성조기를 게양했다. (가운데 단상에 선 이는 안창호)

10. 대한인국민회 발행 독립선언서와 태극기 (1919년)

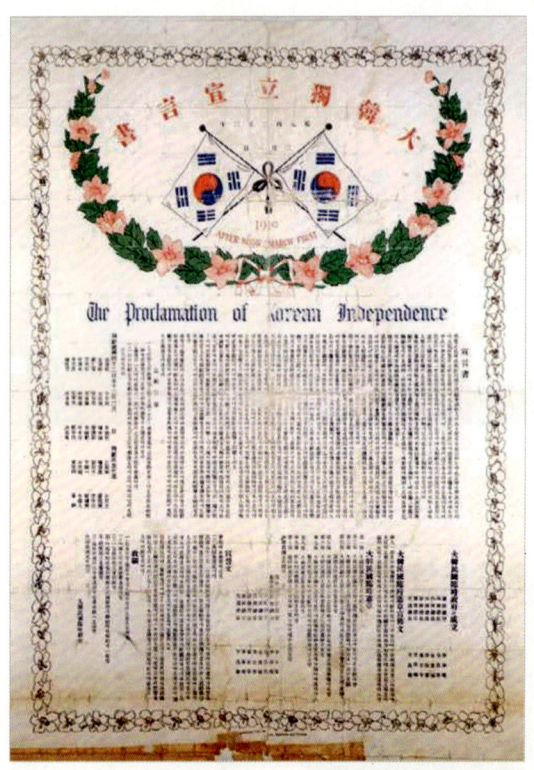

〈대한인국민회가 발행한 '대한독립선언서'〉28)

    1919년 3월 1일 고국에서 일어난 '3·1만세운동' 소식은 해외의 동포들에게도 전해졌고, 수 많은 동포들이 만세운동에 이어갔다. 1919년 4월 하와이 대한인국민회가 발행한 '대한독립선언서'가 이런 상황을 잘 말해준다. 이 선언서에 두 개의 태극기를 교차하여 묶은 그림이 삽입되었다.

---

28) 박민영 외, 『기록으로 보는 재외 한인의 역사』(서울: 행정자치부국가기록원, 2016) 99.

I. 1903년~1918년의 태극기

1. "대한 지계아문 토지문서"의 태극기 (1903년)

〈대한 지계아문 토지문서의 태극기〉29)

'1903년도의 토지문서'에 표시된 태극기 문양에서 '음·양 양의(兩儀)' 모양은 현행 태극기의 방향과 같으나, 그 모양이 횡(橫, 가로)이 아니고, 종(縱, 세로)으로 놓여있다. 4괘(卦)는 오른 쪽 상단에서부터 시계바늘의 반대 방향으로 '건(乾)·곤(坤)·감(坎)·리(離)'를 배치했다.

---

29) 이 자료는 조영진 목사(중국인 선교교회) 소장본 자료이다. 일반 문서로는 보기 드문 희귀한 자료를 흔쾌히 제공해 준 조영진 목사에게 감사함을 표한다.

2. 프랑스 화보 주간지 「르 펠르항(Le Pelerin)」 태극기 (1904년)

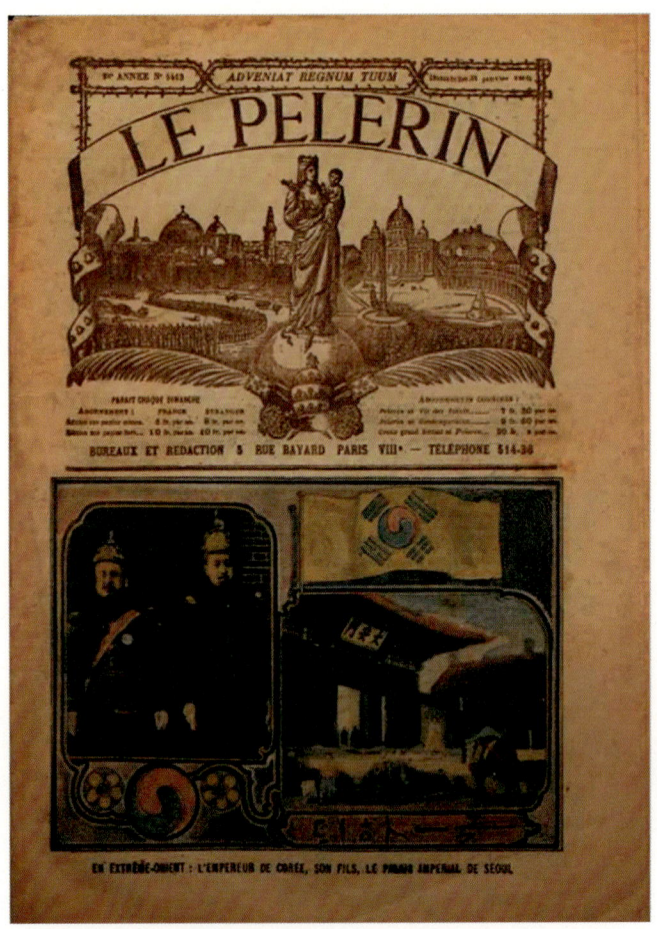

⟨'Le Pelerin'에 실린 대한제국 소개 기사 속의 태극기⟩30)

---

30) '순례자'라는 뜻의 프랑스 주간지 'Le Pelerin(르 팰르항)'에 실린 대한제국 소개 화보. 고종, 순종 황제와 황궁인 경운궁(현 덕수궁)의 사진이 실려 있다. 나라의 상징인 태극기와 황실의 상징인 이화문이 포함되었으며, 대한제국의 정식 명칭인 대한국이라는 글귀도 적혀 있다. 출처 : 이병근, 『역사로 만나는 우리 태극기』

3. 만주 명동마을의 '막새기와' 태극기 (1906년 이후)

〈만주 명동마을의 '막새기와' 태극기〉

중앙에 '3태극' 문양이 있고, 네 귀퉁이에는 중앙의 윗부분부터 시계방향으로 '리(離)·태(兌)·감(坎)·진(震)'의 4괘(卦)가 배치되었다. 중앙의 아래쪽 좌우에는 '무궁화'가, 위쪽 좌우에는 '**십자가**'가 있는 것이 특징이다. '태극 문양'과 '십자가'가 부담 없이 어울린 특이한 간도 명동마을의 태극 문양이다.

간도 장재촌 벌판에 움막을 치고, 기와 제작공장에서 찍어낸 것이다.

4. 원산 남산동교회 태극기 (1906년)

〈원산 남산동교회 신축예배당과 태극기, 1906년〉31)

　1906년 함경남도 원산의 남산동교회(감리교회)가 예배당을 신축하고 찍은 기념사진이다. 교회 전면에 2개의 태극기를 교차 게양하였다.

---

31) 출처 : "슬프다 너 대한국기여!", 〈뉴스엔죠이〉(2020년 7월 21일).

5. 동덕여대 소장 태극기 (1906년)

〈동덕여자의숙 태극기, 1906년〉[32]

위의 태극기는 가로 174cm, 세로 160cm의 흰 비단천의 바탕에 태극 양의(兩儀)와 4괘를 박음질한 것이다.
'양의'는 홍색이 오른쪽에, 청색은 왼쪽에 반듯하게 세워져 있고 4괘는 흑색으로 모두 바뀌어 있다.

---

32) 출처 : 국가유산청.

6. 불원복(不遠復) 태극기 (1906년)

〈불원복(不遠復) 태극기, 1907년 이전〉33)

'불원복(不遠復) 태극기'는 1906년 전남 구례의 고광순(高光洵, 1848-1907) 의병장이 왜적과 싸울 때에 사용했던 태극기로 알려져 있다. 태극기 중앙 위쪽에 '불원복(不遠復)'이라고 쓰여 있다.34)

'불원복'은 "광복이 멀지 않다!"는 뜻으로, 이는 『주역』·「지뢰복(地雷復)」괘(卦, ䷗)에서 따온 말이다. 그 효사(爻辭)는 이렇다.35)

① 초구(初九) : 머지않아 회복된다(不遠復).

② 육이(六二) : 기뻐하며 돌아오리라(休復이니 吉하다).

③ 육삼(六三) : 절박할 때 돌아오게 되리라(頻복이니 厲하나 无咎리라).

④ 육사(六四) : 중도(中道)를 따라 홀로 돌아오게 되리라(中行獨復).

⑤ 육오(六五) : 남의 재촉을 받고 돌아오게 되리라(敦復無悔).

---

33) 출처 : 국가유산청.
34) 김상섭, 『태극기의 정체』(서울: 동아시아, 2001) 116 참조.
35) 윤재근, 『주역(상경)』(서울: 동학사, 2023) 790 참조.

⑥ 상육(上六) : 헤메다가 돌아오게 된다(迷復).

고광순 의병장의 예언(?)처럼 조국의 광복은 나라가 깨어진 지 35년 만에 재촉을 받으며(敦復) 급격히 돌아왔다.

불원복 태극기는 중국의 '고(古) 태극도'에서 4괘를 생략하고, 오른쪽으로 45도 각도로 눕혀놓은 형태이다. 그리고 음양의 배열과 괘의 위치를 세로로 놓고 보면 현행 태극기와 같은 형태다.

7. 전남 구례 호양학교 '동종(銅鐘)' 태극기

〈호양학교 동종(銅鐘) 태극기(왼쪽), 위쪽의 오조룡(오른쪽), 1907년〉[36]

'호양학교'는 1907년에 전남 구례군 마산면에 설립된 설립되어 1920년에 폐교된 애국학교다.

앞면에는 태극기 문양이, 윗면에는 발톱이 5개인 '오조룡(五爪龍)'이 새겨져 있다. '5조룡'은 황제의 상징이다.

---

[36] 호양학교 동종(銅鐘)은 현재 '지리산 문화박물관'에 소장되어 있다.

8. 융희(隆熙) 황제 즉위 축하 어진(御眞) 엽서의 태극기 (1907년)

〈융희황제 즉위 어진 엽서의 태극기, 1907년〉37)

---

37) '융희황제(隆熙皇帝, 1874~1926)'는 대한제국의 제2대 황제이자 조선 제27대 마지막 국왕이며(재위, 1907~1910), 한국사의 마지막 군주다. 묘호는 순종(純宗), 시호는 효황제(孝皇帝), 정식 시호는 순종문온무녕돈인성경효황제(純宗文溫武寧敦仁誠敬孝皇帝)이다. 약칭 순종효황제. 융희황제, 융희제라는 호칭도 사용한다. 현재 대한민국 문화재청에서는 '순종 효황제'라는 호칭을 사용한다.

9. 『태극학보』의 태극기 (1906년 8월~1908년 12월)

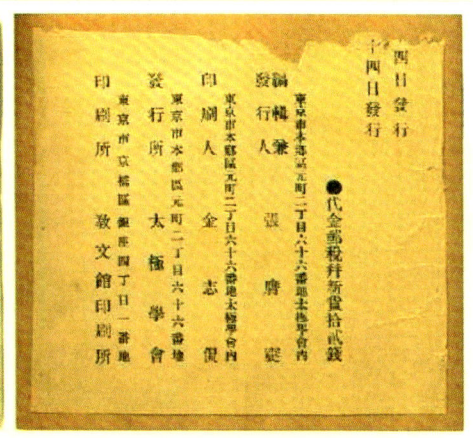

⟨『태극학보』 창간호 표지와 판권지⟩38)

『태극학보』는 일본 유학생 단체 '태극학회'의 기관지로, 1906년 8월부터 1908년 12월까지 2년여에 걸쳐 간행됐다. 대한제국기 국한문체 잡지 가운데 가장 장기간 발행된 것으로, 총 26호가 나와 있다. 이 잡지는 다양한 분과학문을 통해 국민국가를 구상하고 문예로써 개인의 사색과 감정을 표현한, 20세기 한국을 종합적으로 구상한 최초의 대중매체이다.

『태극학보』 창간호 표지에 2개의 태극기를 교차한 그림이 실려 있다. 그림에서 오른쪽 태극기의 깃대를 바로 세워서 보면, 태극의 음양 위치가 홍색이 오른 쪽에, 청색이 왼쪽에 놓여있다. 4괘는 감(坎)·리(離)가 각각 바뀌어 있다.39)

---

38) 출처 : '부산대학교' 홈페이지, '홍보대사(PURM)'의 "점필재연구소 『완역 태극학보』 전 5권 발간"이란 제목의 글.
https://blog.naver.com/pnupurm/222284524014
39) 송춘영, 『태극기의 어제와 오늘』 159 참조.

10. 게일(Gale) 선교사 환영 인파 속의 태극기 (1907년)

〈'게일 선교사' 환영인파 속의 태극기〉40)

'게일(James Scarth Gale, 奇一, 1863~1937)'은 캐나다 출신의 장로교회 선교사이자, '한영사전'을 편찬하고 '한국 시(詩)' 및 문학 작품을 영어로 번역해 외국에 소개한 번역가 겸 한국학자이다.

1888년 조선에 들어와 선교활동을 하면서 연동교회를 담임했다. 그는 선교활동 중에 몇 번의 안식년을 가졌는데, 1907년 안식년을 마치고 돌아왔을 때, 그를 환영하는 인파 2000여 명이 서울 연동교회에서 환영회 겸 부흥회를 개최하였고, 그 광경을 사진에 담았다. 이 사진 속의 기독교인들은 태극기와 함께 십자기를 게양한 것을 발견할 수 있다.

---

40) 출처 : "행군 나팔 소리에 태극기를 높이 들고", 〈뉴스엔죠이〉(2020년 9월 3일).

11) 불변가(지금의 애국가) 태극기 (1908년)

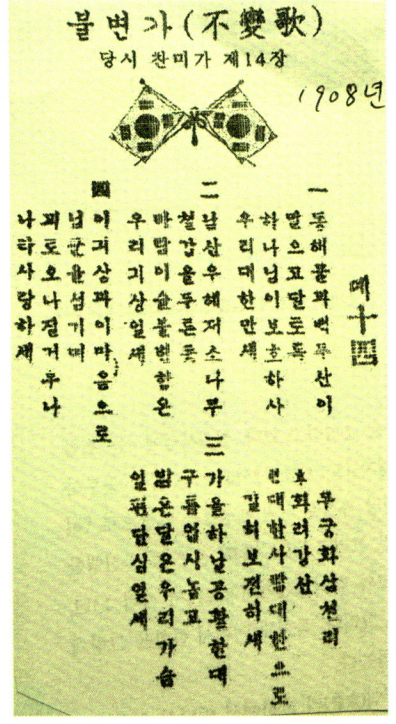

〈'불변가'와 태극기〉

　이 자료의 태극기는 두 개의 태극기를 교차하여 매듭으로 묶은 형태이다. 이런 형태의 태극기 문장(紋章)은 '탁사 최병헌'의 주도로 창립된 '배재협성회'를 주축으로 건양원년(1897년)에 창립된 '독립협회'가 처음 사용하였다. 그리고 1919년에 상해에서 수립된 임시정부가 국장(國章)으로 독립선언서에서 이 문양을 사용했다.[41)]
　우리나라의 애국가는 1908년에 발행된 『찬미가』[42)] 14장에 '불변가(不變歌)'

---

41) 최병헌 저, 이주익 역, 『몽양원』(서울: 도서출판 탁사, 1999)에 나오는 내용이다.

라는 제목으로 수록되어 있다. 현재 미상으로 되어 있는 애국가의 작사자는 크게 윤치호 설과 안창호 설이 있지만, 최병헌 목사의 저작설도 설득력 있게 제기되고 있다.

국제성서박물관은 지금의 애국가가 '불변가'란 제목으로 14장에 수록된 『찬미가』(1908년 발행) 복사본을 소장, 전시하고 있다.

12. 의친왕과 영친왕 엽서 태극기 (1909년 8월 10일)

〈'의친왕과 영친왕' 엽서 속의 태극기〉[43]

이 엽서에는 대한제국의 마지막 황태자인 영친왕(英親王, 1897~1970)과 그의 형인 의친왕(義親王) 이강(李堈, 1877~1955) 공의 사진이 함께 실려 있다. 이 엽서를 끝으로 대한제국의 역사는 영원히 사라졌다.

---

42) 이 『찬미가』는 윤치호가 역술(譯述)하고 김상만이 발행한 것이다.
43) 이 엽서는 1908년 8월 10일에 일본의 '아키타' 시에서 발행한 것이다.

13. 안중근 의사 태극 엽서 (1910년)

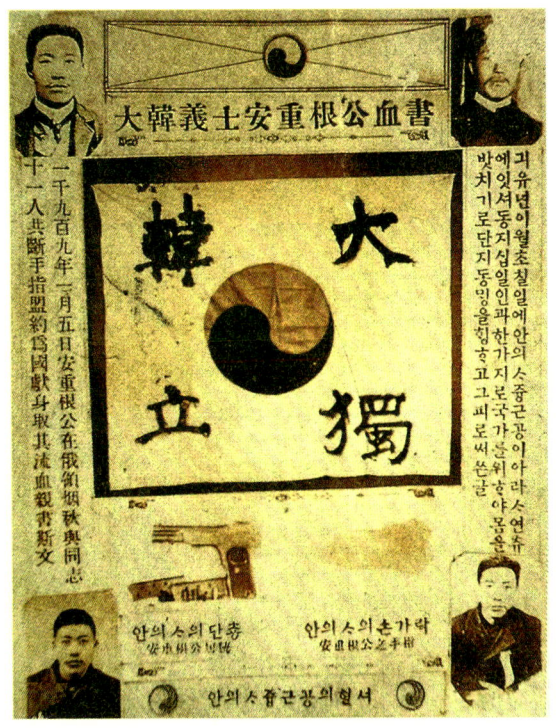

〈'안중근 의사' 단지(斷指) 혈서(血書) 엽서〉

이 태극기는 안중근 의사가 1909년 10월 26일 일본의 이등박문(伊藤博文, 이토 히로부미)를 만주의 하얼빈역에서 저격하고 체포된 후 감옥에서 손가락을 잘라 혈서로 그린 태극기이다. '건·곤·리·감' 4괘(卦) 자리에 '대한독립'이라는 혈서를 썼다.

안중근의 '단지(斷指) 혈서(血書) 태극기' 사진을 비롯한 안중근 의거 관련 자료를 모아 제작된 엽서이다. 〈대한의사안중근공혈서(大韓義士安重根公血書)〉라는 제목을 단 엽서의 한 가운데에는 〈대한독립(大韓獨立)〉 4자를 혈서로 쓴 태극기가 있고, 그 오른쪽에 〈기유년 2월 초 7일에 안의사 중근공이 아라사(러시아) 연추에 있어 동지 11인과 한가지로 국가를 위하여 몸을 바치기로 단지동맹을 행하고 그 피로써 쓴 글〉이라는 설명이 적혀 있다. 왼쪽의 한문 설명은 같은 내용이나 날짜가 다르다.

태극기 아래에는 안중근이 의거에 사용한 권총과 단지한 손가락 사진이 있으며, 엽서의 네 귀에는 4종류의 안중근 사진이 수록됐다.

혈서 태극기와 단지한 손가락은 안중근이 옥중에서 유언한 대로 동생 안정근이 '동맹 동지'에게서 찾아 보관했고, 혈서 태극기는 이후 블라디보스토크에서 창간된 『권업신문』의 1914년 8월 23일자에 그 사진이 실렸으며, 사진은 엽서 속의 것과 같은 것이다.

〈안의사의 단총〉 사진은 재판에 제출되었던 증거품 사진 중 일부로, 안의사가 사용한 총은 32구경 7연발의 브라우닝 모델 1900(총기번호 262336)이며, 벨기에 총기회사인 '파브리크 나시오날(FM)사'가 존 브라우닝의 설계도에 따라 생산한 반자동식 권총이다.

엽서 왼쪽 위의 안중근 사진은, 안중근이 '이토 히로부미(이등박문)'를 처단하기로 하고 하얼빈에 도착하여 그 다음날인 1909년 10월 23일 아침에 안중근이 우덕순, 유동화와 함께 중국인 사진관에서 의거 결행 기념촬영을 한 사진 중 일부이거나 같은 장소에서 같은 모습으로 찍은 것이다. 엽서 오른쪽 위의 안중근 사진은 체포된 후 의거 결행 당시의 복장 그대로 촬영된 것으로, 겹코트를 입고 사냥꾼들이 쓰는 모양의 모자를 쓴 모습이다. 오른쪽 아래의 안중근 사진은 안응칠(安應七)이라는 명찰을 달고 단지한 손가락이 잘 보이도록 촬영된 것으로, 옥중에서 1개월 정도 지난 후의 모습이며, 왼쪽 아래의 안중근 사진은 옥중에서 돌담을 배경으로 의자에 앉은 자세로 촬영된 전신 사진의 일부이다.[44]

---

44) 〈독립기념관〉 인터넷 홈페이지 '소장자료'의 '자료내용' 설명에서 인용하였다.
https://search.i815.or.kr/sojang/read.do?isTotalSearch=Y&doc=&adminId=5-002460-000

14. 성서공회(聖書公會) 단력(單曆) 태극기 (1910년)

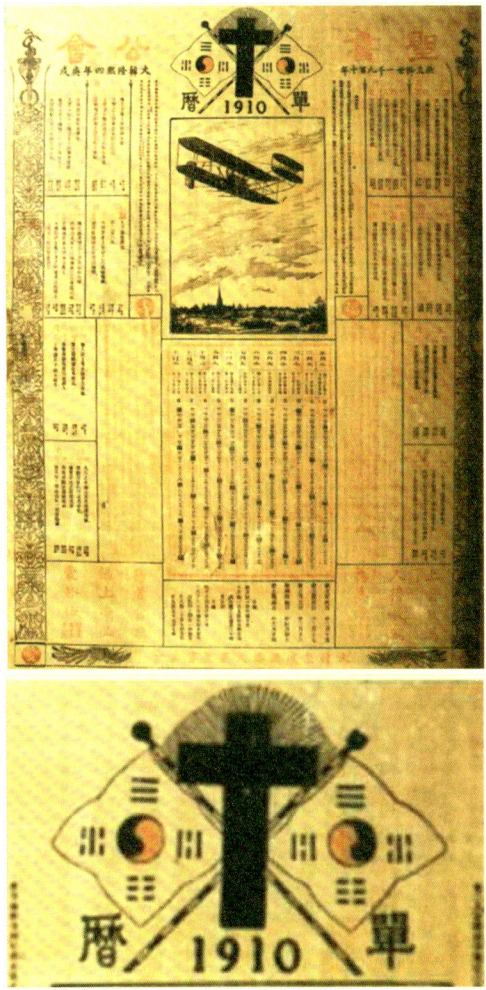

〈'대영성서공회'에서 발행한 1910년 단력(單曆)〉[45]

---

45) 이인수 외 교정, 『한국기독교역사박물관』(서울: 한국기독교역사박물관, 2019) 124.
http://www.kchmuseum.org/coding/sub2/sub3.asp?mode=view&aseq=9

'성서공회'46)는 성경 번역과 반포하는 일 외에도 전도의 한 방편으로 단력(單曆, 달력)을 인쇄하여 배포하였다.

이 달력 중앙의 사진은 서구 문명을 반영하는 비행기와 영국 런던의 풍경으로 기독교가 우리나라 근대화에 끼친 영향을 보여준다. 그리고 무엇보다 달력 중앙 상단의 '십자가'와 '태극기 문양'을 주목할 필요가 있다. 십자가와 태극기는 대한제국 말기 기독교인들의 '충군애국' 사상과 '민족의식'을 반영한 것인데, 이 달력을 사용하였던 1910년은 우리나라가 일본에 합병되던 해였으므로 달력에 태극기가 들어간 것은 이 달력이 마지막이다. 이 달력이 1909년 연말에 인쇄되었기 때문에 태극기를 새겨 넣을 수 있었던 것이다. 이 달력은 현존한 한국 달력 중 제일 오래된 것으로 추정된다.47)

---

46) 성서공회 : 성서공회(Bible Society)는 비영리 조직이며, 교회 일치주의로 구성되어서 성경의 번역과 출판 그리고 공급을 하는 기독교 단체이다. 한편 '세계성서공회 연합회(UBS,United Bible Societies)'는 이러한 근대의 성서공회 운동이 1804년 런던에서 영국성서공회(British and Foreign Bible Society)가 설립되면서부터 이후 각국 성서공회들의 세계적인 연합체로 '세계성서공회 연합회'가 형성되었다. "성서공회", 『한국민족문화대박과사전』(인터넷판) 참조.
https://encykorea.aks.ac.kr/Article/E0015093
※ '**대한성서공회**'는 기독교 성서의 우리말 번역·출판·보급을 목적으로 설립된 초교파적 단체이다. 한말·일제 강점기에는 **영국성서공회 한국 지부, 미국성서공회 한국 지부**가 설립되고, 스코틀랜드성서공회가 협력하여 한국에서의 성서 사업을 하였으나 일제의 탄압으로 철수하고, 1941년 정태응을 총무로 한 조선성서공회를 설립하였다. 그러나 이것도 1942년 적산(敵産)으로 압류되어 성서 사업이 중단되었다가 1945년 해방 후 재건되어 성서 사업을 재개하였다. "대한성서공회", 『한국민족문화대박과사전』(인터넷판) 참조.
https://encykorea.aks.ac.kr/Article/E0015093
47) 크기 67cm × 50cm. 1장. 2색 인쇄. 국한문 혼용, 내려 쓰기. 중국에서 한문으로 인쇄된 달력을 기본으로 하여 한국 실정에 맞게 편집한 것으로 보인다. 1년 365일을 월별로 정리했는데 주일(일요일)만은 검은색으로 표시했다. 그리고 1년 52주 동안 읽을 성구를 표시했다. 주일 개념은 그리스도교가 한국에 전래되면서 생겨난 생활문화였다. 1주일의 하루를 쉬는 '휴식' 문화가 교회에서 시작되어 한국사회 전체에 확산되었다. 이인수 외 교정, 『한국기독교역사박물관』(서울: 한국기독교역사박물관, 2019) 125. http://www.kchmuseum.org/coding/sub2/sub3.asp?mode=view&aseq=9

15. '제럴드 본위크 목사' 태극기 (1910년 경)

〈'본위크 목사' 태극기〉[48]

구한말 우리나라에 들어와 선교했던 '제럴드 본위크(Gerald Bonwick) 목사'[49]가 소장하고 있던 태극기이다. '본위크 목사'의 딸인 '프란시스 본위크(Frances Bonwick)'가 부친의 유품을 정리하다가 발견하여 1990년 7월에 한국에 기증하게 됨으로써 세상에 알려지게 되었다.

태극기를 기증받은 독립기념관의 한국독립운동사 연구소장 '조동걸 교수(국민대)'는 "태극문양이 3·1운동 이후의 것과는 다르며, '데니 태극기'와 유사한 점으로 미뤄 1910년 이전에 만들어진 희귀한 태극기로 보인다"고 평가했다.

---

48) 태극기의 크기는 가로 94㎝, 세로 33㎝이며, 출처는 '독립기념관 소장자료'이다. https://blog.naver.com/koreai815/222463181190
49) 본위크(Gerald W. Bonwick, 1872~1954) : 한국 이름은 반우거(班禹巨). 호주 멜버른에서 출생했으나, 3살 때 영국으로 이주했고, 런던 구세군사관학교를 졸업했다. 1908에 구세군 선교사로 내한하여, 충북 보은에서 교회를 개척했으며, 1910년에 구세군 떠나 '예수교서회', 현재의 "대한기독교서회"의 총무로 취임했다. 그 후 28년간 회관 건립, 한국기독문서선교에 크게 공헌했다. 1938년에 은퇴한 후 캐나다로 귀국했고, 1954년 토론토에서 세상을 떠났다.

또한 이 태극기의 천과 염색 등에 대해 감정한 '유희경 교수(이대 의류직물학과 명예교수)'와 경원대 '조호숙 교수(의상학과)'는 "바탕천은 외국제 모직 계통이고 깃봉쪽의 천은 삼베이며, 염색은 천연염료인 쪽풀을 발효시켜 나온 남색에 고착제를 이용해 청색을 만들고 적색은 소목을 사용한 것으로 보아 국내에서 제작된 것이 확실하다"고 밝혔다. 유교수 등은 또 "이 태극기가 재봉틀을 사용하여 만들어진 것으로 보아 제작연대는 국내에 재봉틀이 도입된 1890년 후반 이후인 1900년 전후인 것으로 추정된다"고 말했다.50)

16. '대조선 국민단' 단원 수첩의 태극기(1910년)

〈'대조선국민단' 단원수첩의 태극기〉51)

---

50) "캐나다 토론토서 1백년전 太極旗 발견", 〈연합뉴스〉(1990년 7월 12일 기사) 참조. https://n.news.naver.com/mnews/article/001/0003396967?sid=103
51) '대조선국민단'은 1914년 6월 10일에 하와이 오아후(Oahu)섬 코올아우(Koolau)지방 카할루우(Kahaluu)의 아후이마누(Ahuimanu) 농장에서, 박용만 등이 '독립군 사관'을 양성할 목적으로 만든 군사교육단체이다. 사진은 '독립기념관 소장자료'이다. https://blog.naver.com/koreai815/222463181190

〈'대조선국민단' 단원수첩 내의 태극기와 '대조선국민기'〉[52]

    1914년 6월 10일에 하와이에서 박용만 등이 창설한 "대조선 국민단"의 '단원수첩'에는 단원의 훈련 내용, 군인 규칙, 전술·응급 처치, 국민단 단원의 명단이 기록되어 있다. 이 수첩 뒷면에는 태극기가 실려 있다.
    위의 태극기를 보면 양의(빨간색)의 넓은 부분은 오른쪽 아래로, 음의(파란색)의 넓은 부분은 왼쪽 위로 굽혀져 있으며, 4괘의 위치는 얼핏보면 현행 태극기와 비슷해 보이지만 모두 바뀌어 있다.

---

52) 사진 출처는 '독립기념관 소장자료'이다.
    https://blog.naver.com/koreai815/222463181190

17. 한일병탄 기념엽서 속의 태극기 (1910년)

〈'한일병탄' 기념 엽서 속의 태극기〉53)

1910년 일본 제국주의가 대한제국을 완전한 식민지로 만들기 위해 '한일병합조약'을 체결한 뒤에 일본에서는 "한일병탄(韓日竝呑)"을 기념하여 다양한 기념엽서들을 발행했다.

'대정천황(大正天皇)'과 '고종황제(高宗皇帝)'의 얼굴이 그려진 엽서 배경에는 오얏꽃과 국화, 태극기와 일장기가 교차하고 있다(왼쪽 위). 초대통감 '이토 히로부미'와 매국노 '이완용'의 사진이 그려진 엽서(오른쪽 위)와 경운궁 대한문이 그려진 엽서에도 태극기와 일장기가 그려져 있다(왼쪽 아래). 봉황이 그려진 '일한합방 기념' 엽서에는 일장기와 태극기가 대각선으로 교차 되도록 그렸다.

---

53) 출처 : 이병근, 『역사로 만나는 우리 태극기』

18. 워싱턴 대한제국 공사관 건물에 게양된 태극기 (1910년)

〈미국 워싱턴 대한제국 공사관〉[1]

---

1) 1900년대 미주 한인 사이에서 유통된 엽서. 전면에 주미대한제국공사관 건물이 인쇄되었다. 옥상 국기게양대가 있는 부분에 태극기 그림을 그려넣었다. 미주 한인 사이에서 공사관은 태극기와 마찬가지로 대한제국의 상징으로 자리잡고 있었음을 알 수 있다. 출처: "박정양 초대주미공사의 '워싱턴' 데뷔기"(이가환의 흔적의 역사), 〈경향신문〉(2018년 6월 6일).

19. 세계적십자 가입 기념 나무 포스터 태극기 (1913년)

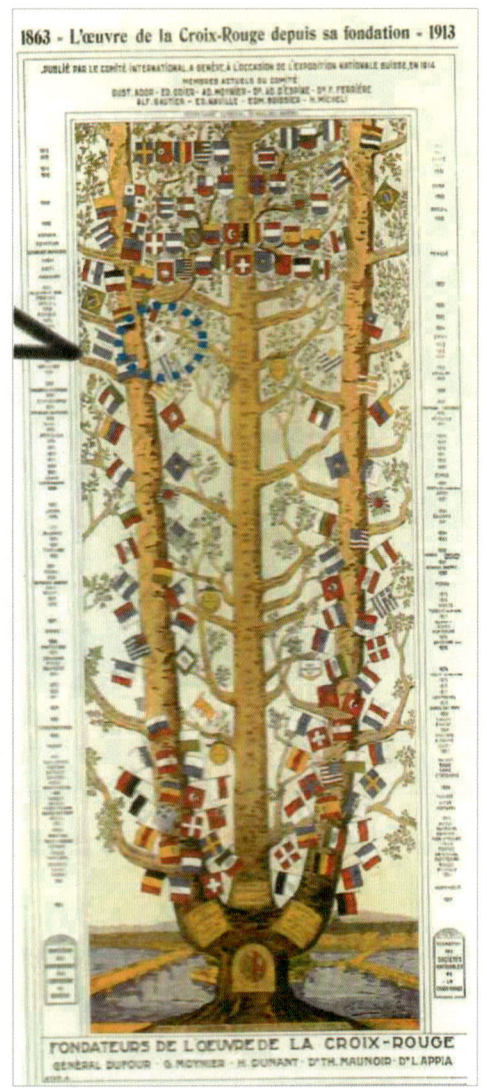

〈세계적십자 가입 기념 나무, 1913년〉[2]

〈세계적십자 가입 기념 나무 속 태극기, 확대 이미지〉

    1913년에 나온 '세계적십자 가입 기념 나무 포스터'이다. 그림을 보면 세계적십자 회원국으로 가입한 나라들을 연도별로 나뭇가지에 국기를 매달아 놓았는데, 1903년의 나뭇가지에 조선 국기가 걸려 있다. 우리나라가 세계적십자 회원국이 된 해가 바로 1903년이었음을 알 수 있다.

    그런데 이 태극기를 확대해서 자세히 살펴보면 괘의 모양이 이상한 것을 발견할 수 있다. 태극기의 정상적인 괘 모양은 '건(乾 ☰)·리(離 ☲)·감(坎 ☵)·곤(坤 ☷)'인데, 이 포스터의 태극기는 '괘'라고 볼 수도 없는 엇비슷한 괘(卦) 모양을 그려놓았다.

---

2) 출처: 송명, 『얘들아, 태극기이야기 좀 들어보렴』(서울: 세손교육, 2007) 35.

J. 1919년 3·1만세운동

1. 3·1만세운동 당시의 목재 원판 태극기

〈3·1운동 당시 사용한 목재 원판 태극기, 1917년〉[3]

'3·1만세운동' 당시에 태극기를 대량으로 찍어내기 위해 목재에 4괘와 태극문양을 새긴 '목판태극기' 원판이다.

---

3) 독립기념관 소장.

〈3·1운동 당시 사용한 목재 원판 태극기, 재현〉4)

    1919년 3월 1일, 세계만방에 독립을 선언하였다. 위의 태극기는 상해임시정부에서 발행한 독립선언서에 나오는 태극기를 참고하여 한지에 제작한 '재현 태극기'이다.
    태극문양의 '음양(陰陽)'의 중간 부분이 벌어져 있는 것이 특징이다.

---

4) 한지에 채색하여 제작한 '재현 태극기'이다. 나정태, 『역사의태극기展』(전시회도록, 2008)

2. 평양 숭실학교 시위 태극기 (1919년)

〈평양 숭실학교 시위 태극기, 1917년〉[5]

 이 태극기는 평양 숭실학교 학생인 김건(金鍵)이 동료들과 함께 제작하여 교정의 국기 게양대에 높이 게양하여 독립선언식 개최를 알렸던 대형 태극기이다. 현재 '숭실대학교' '한국기독교박물관'에 소장되어 있다.
 이 태극기 '음·양'은 짙은 청색이 왼쪽, 홍색이 오른쪽에 있는데, 양의(兩儀)는 세로로 반듯하게 세워져 있고, 4괘는 흑색으로 제 위치에 놓여있다.

---

[5] 크기는 166×125.5cm이다. 현재 "숭실대학교 박물관"에 소장되어 있다.

3. 진관사(津寬寺) 태극기 (1919년 즈음)

〈진관사 태극기, 앞면〉

〈진관사 태극기, 뒷면〉

'진관사 태극기'는 2009년 5월 26일 서울시 은평구 진관사의 부속건물인 칠성각(七星閣)을 해체·복원하는 과정에서 내부 불단(佛壇) 안쪽 벽체에서 발견되었다. 이 태극기는 오랜 세월이 흐르면서 색이 변하고 왼쪽 윗부분이 불에 타 약간 손상된 부분이 있었지만 형태가 완벽하게 보존되어 있었다. 크기는 가로 89cm, 세로 270cm 지름 32cm이다.

이 태극기는 『조선독립신문』·『자유신종보(自由晨鐘報)』·『신대한(新大韓)』·『독립신문』 등의 '독립신문류' 19점과 함께 발견되었는데, 발행된 날짜를 미루어 볼 때, 3.1만세운동이 일어나고 대한민국임시정부가 수립된 1919년 즈음에 '진관사 소장 태극기'가 제작된 것으로 추정된다.

학계에서는 태극기를 숨긴 인물로 진관사 승려였던 백초월(白初月) 혹은 그와 밀접한 연관이 있던 승려로 추정하고 있다. 진관사 태극기의 가장 큰 특징은 일장기 위에 태극과 4괘의 형상을 먹으로 덧칠해 항일(抗日) 의지를 극대화했다는 점이다. 특히, 왼쪽 윗부분 끝자락이 불에 타 손상되었고 여러 곳에 구멍이 뚫린 흔적이 있어 만세운동 당시 혹은 그 이후 현장에서 사용되었을 가능성이 매우 크다. 따라서 현재 1919년에 제작된 태극기가 거의 알려지지 않은 상황에서, 이 태극기는 1919년에 제작된 실물이라는 자체만으로도 중요한 의미가 있다.

'진관사 태극기'는 우리나라 사찰에서 최초로 발견된 일제강점기의 태극기로, 불교 사찰이 독립운동의 배후 근거지나 거점지로서 중요한 역할을 담당했다는 사실을 말해준다. 형태상으로도 일장기 위에 태극의 청색부분과 4괘를 검정색 먹물로 덧칠해 항일 독립의지와 애국심을 강렬하게 표현했으며, 일장기 위에 태극기를 그린 유일하고 가장 오래된 사례라는 점에서 독립운동사에서 차지하는 상징적 의미가 매우 크다.6)

---

6) 사진의 출처는 '국가유산청'이며, '해당 유산에 대한 해설'을 참조하여 서술하였다.
https://www.heritage.go.kr/heri/cul/culSelectDetail.do?ccbaKdcd=12&ccbaAsno=21420000&ccbaCtcd=11&pageNo=1_1_1_0

4. 김세영 태극기 (1919년 3월 18일)

〈김세영 태극기, 1919년〉[7]

1919년 3월 18일 경북 영덕에서 만세 시위를 주도한 김세영의 태극기이다. 한지에 먼저 밑바탕을 그린 후 색을 칠해 제작하였다.

김세영은 평양신학교에 입학하기 위해 상경하던 중 서울에서 3·1만세운동을 목격한 후에 고향으로 내려와 만세 시위를 준비하였다.

김세영은 일본 경찰에 체포되어 2년간 옥고를 치렀다.

---

7) 이 태극기는 '독립기념관'에 소장되어 있다.

5. 남상락 자수 태극기 (1919년 4월)

〈남상락 자수 태극기, 등록문화재 제386호〉

"남상락 자수 태극기"는 독립운동가 '남상락'이 1919년 4월 4일, 당진군 대호지면 장터에서 독립만세운동에 사용한 태극기이다.

부인과 함께 손바느질로 수놓아 제작했는데, 수놓은 자리마다 고귀한 독립의지가 담겨있는 태극기이다.[8]

---

8) 사진의 출처는 '국가유산청'이며, '해당 유산에 대한 해설'을 참조하여 서술하였다.
https://www.heritage.go.kr/heri/cul/culSelectDetail.do?ccbaKdcd=79&ccbaAsno=03860000&ccbaCtcd=34&pageNo=1_1_1_0

6. 미주(美洲) 지역 3·1 만세운동 태극기 (1919년)

〈미주(美洲) 지역 만세 시위 사용 태극기〉[9]

　위의 태극기는 미주 한인 동포들이 1919년 4월 16일에 필라델피아에서 독립선언식을 거행하고 행진하면서 사용한 것이다.
　대나무 깃대에 구리로 만든 화살촉 모양의 깃봉이 달려 있으며, 서재필기념재단에서 한국 독립기념관에 기증하였다.

---

[9] '독립기념관' 소장자료이다.
　　https://search.i815.or.kr/sojang/favorite.do?type=7

7. 미주(美洲)지역 발행 '대한독립선언서'의 태극기 (1919년)

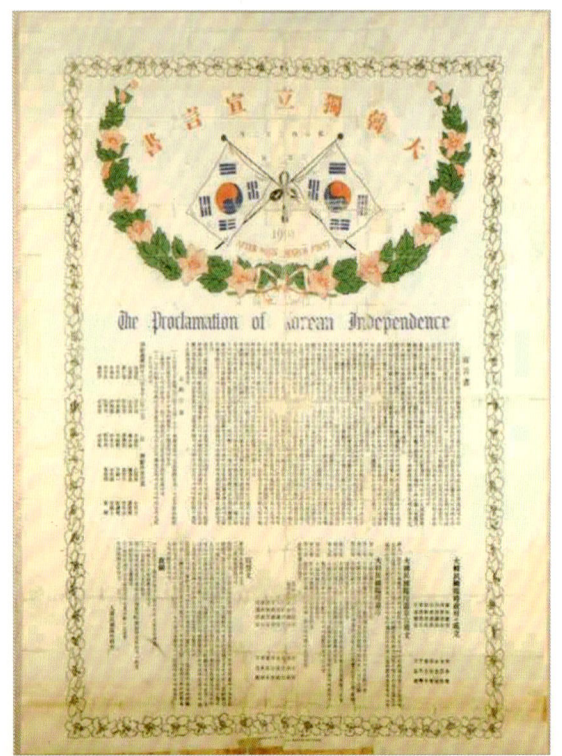

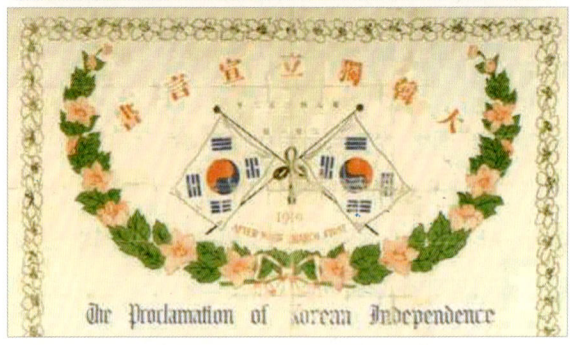

〈하와이 대한독립선언서, 국가지정기록물 제12호〉[10]

'하와이 대한인국민회'에서 발행한 '대한독립선언서'에는 3·1독립선언부터 임시정부 수립에 이르기까지의 사실을 한 장의 포스터에 담고 있다. 가운데에는 3·1운동의 민족대표가 준비하여 보성사에서 인쇄한 '3·1독립선언서', 아래에는 임시정부에서 발행한 '대한민국임시정부 성립 선포문'의 원본이 재인쇄되어 있다.

한자로 쓴 '대한독립선언서(大韓獨立宣言書)'는 영어(The Proclamation of KoreanIndependence)로도 쓰여 있으며, 단군기원으로 표시한 '기원 4252년 3월 1일(紀元 四二五二年 三月一日)'의 날짜도 서기 연도와 영어(1919 AFTER NOON MARCH FIRST)가 함께 쓰여 있다.

'교차한 태극기 문양'과 무궁화꽃 무늬로 화려하게 장식된 이 대한독립선언서는 미국 하와이의 여성단체인 '대한부인구제회(theKorean Ladies' Relief Society)'에서 만든 것이다.

3·1운동의 소식이 전해지자 하와이 각 지방의 여성대표 41명은 1919년 4월 1일 호놀룰루에 모여 대한부인구제회를 결성했다. 이들은 첫 사업으로 대한민국임시정부와 3·1운동의 민족대표 33인을 재정적으로 지원하는 기금을 모으기 위해 독립선언서를 재인쇄하여 판매하기로 하고, 350달러를 들여 호놀룰루 애드버타이저 출판사(Honolulu Advertiser Publishing Company)에서 약 61×79㎝ 크기의 포스터 3,000장을 컬러 인쇄했다. 3·1독립선언서와 민족대표 33인의 명단, 임시정부의 각료 명단과 임시헌장을 한 장에 담은 대한독립선언서는 한국인뿐 아니라 미국인들에게도 팔렸으며, 판매 수익금 2,200달러 중에서 800달러는 임시정부 국무총리 이승만이 워싱턴에 설립한 구미위원부로 보냈다.[11]

---

10) '독립기념관' 소장자료. https://search.i815.or.kr/sojang/favorite.do?type=2
11) 〈월간 독립기념관〉, 2019년 4월호(인터넷판), "미국 사회에 한국이 독립국임을 알린 미주 한인들" 기사 참조.
https://sbook.allabout.co.kr/magazine/i815/sm-28/pt-post/nd-290

8. 하와이 대한인국민회 발행 '대한독립운동비의연금증서' (1919년 7월)

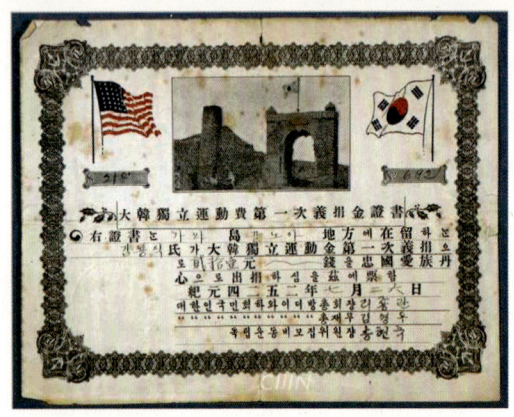

〈하와이 대한인국민회 발행, 대한독립운동의연금 증서〉[12]

 하와이의 '대한인국민회'에서 발행한 '대한독립운동 의연금 증서'·'국민회 의무금'·'혈성금 영수증'이다. 이를 통해 독립운동 자금을 모았다. '대한독립운동 의연금 증서'에 태극기와 성조기가 나란히 삽입되었다.
 대한인국민회는 각종 국제 대회에 대표를 파견하고 국의 독립 승인을 촉구하였으며, 임시정부 수립 후에는 임시정부를 지원하고 각종 독립 의연금을 모아 독립군 단체의 재정을 후원하였다.

---
12) '독립기념관' 소장자료이다. https://search.i815.or.kr/sojang/favorite.do?type=2

9. 『KOREA REVIEW』의 태극 문양 (1919년)

〈'KOREA REVIEW', 1919년 6월호(좌), 1920년 8월〉[13]

『KOREA REVIEW』는 1919년 3월에 미국의 '워싱턴 구미위원부' 산하 '필라델피아 한국통신부'에서 서재필 등이 발간한 월간지이다.

이 월간지를 통해 독립을 열망하는 한국의 상황을 미국인들에게 알리고 지지를 얻으려 했다.

『KOREA REVIEW』 표지에 태극 문양이 실려 있다.

---

13) 출처 : 위키피디아. https://en.wikipedia.org/wiki/Korea_Review_(1919)

10. 프랑스에서 발행한 '독립선언서' 및 '간행물'의 태극기(1919년)

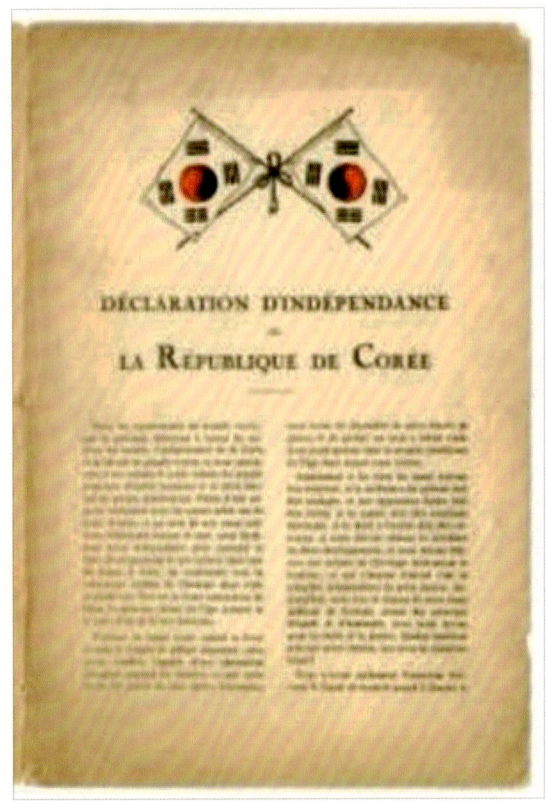

〈'대한민국 독립선언서', 프랑스 파리 출판, 1919년〉[14]

1919년 프랑스 파리에서 출판된 '프랑스어 대한민국 독립선언서'에, 교차시켜 묶어 놓은 두 개의 태극기가 실려 있다.

---

14) 사진 출처 : 부산박물관 소장자료.
　　http://www.newsbusan.com/m/view.php?idx=10939&mcode=&page=3

〈'한국의 독립과 평화', 프랑스 파리 출판, 1919년〉15)

『한국의 독립과 평화(L'independance de la Coree et la paix)』는 1919년 프랑스 대한민국임시정부 파리위원부에서 대한민국의 존재와 일제 만행을 국제사회에 알리고 한국 독립의 정당성을 역설하고자 발행한 도서이다. 프랑스어로 제작·인쇄되었으며 프랑스를 비롯한 유럽 각국 정부기관 언론사, 주요 대학 도서관 등에 배포되어 일제 식민통치의 실상을 알렸다.

이 도서의 표지에 교차시켜 묶어 놓은 두 개의 태극기가 실려 있다.

---

15) 출처 : '국립대한민국임시정부기념관' 소장자료.
   https://www.nmkpg.go.kr/main/exhibit/exhibit_special_view.do?emt_idx=36

〈'자유 한국', 프랑스 파리, 1920년〉16)

　대한민국 임시정부 '파리위원부'에서 1920년 5월, 월간잡지 『자유한국(La Corée Livre)』을 간행하였다. 불어로 제작했으며, 한국독립운동 관련 소식과 일본 제국주의의 만행과 관련된 내용을 담았다. 유럽의 각 언론기관과 정부 인사들에게 발송하여 한국의 현실과 역사·문화를 알리는데 효과적으로 활용하였다.
　이 도서의 표지에 태극기가 편집되어 있는데, 태극의 '양의(兩儀, 음양)'가 좌우로 세워진 모양이다. 또한 4괘가 '양의'와 거의 붙어있다.

---

16) 출처 : '대한민국정책브리핑'-대한민국 공식 전자정부 누리집
　　https://www.korea.kr/multi/policyAudioView.do?newsId=148922195

11. 〈독립신문〉의 태극기(3·1절 기념호, 49호, 1920년)

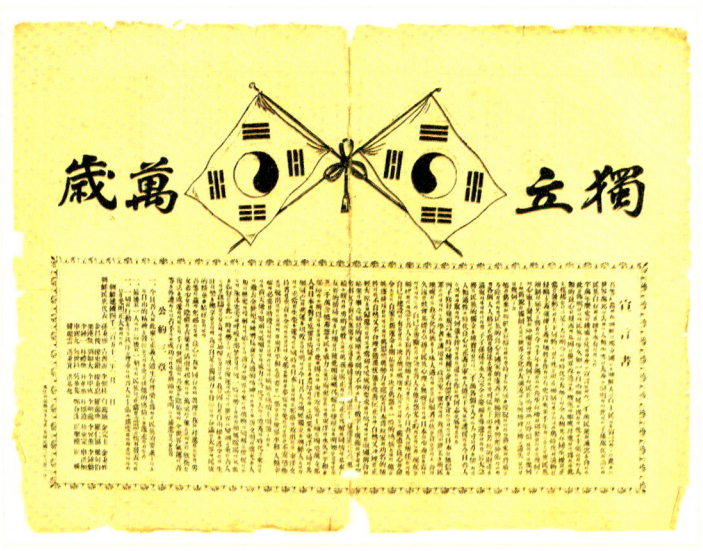

〈'독립신문' 3·1절 기념호, 1920년 3월 1일〉17)

"대한민국 임시정부"는 삼일절을 국경절로 지정하고 성대한 기념식을 거행했다. 특히 처음 맞이하는 1920년의 삼일절은 대단히 뜻깊었다. 임시정부의 기관지 역할을 수행하던 『독립신문』은 3월 1일 자 제49호 신문을 발행하여 삼일절을 기념하였다. 특히 이날 신문에는 삼일독립선언서를 인쇄하여 수록하였다. 선언서 위에는 태극기를 교차하였으며 태극기 양쪽에는 '독립만세獨立萬歲'라는 글자를 넣었다.

선언서의 왼쪽 측면에는 "대한민국 2년 3월 1일"이라고 적혀 있다.

---

17) '대한민국역사박물관' 소장자료이다. '대한민국임시정부기념관' 인터넷 누리집에 실린 글, "대한민국 임시정부와 삼일절"(김광재, 국사편찬위원회 편사연구관)에서 가져왔다. https://www.nmkpg.go.kr/webzine/story/cn.do?rid=334

12. '영문 독립선언서'의 태극기 (1921년)

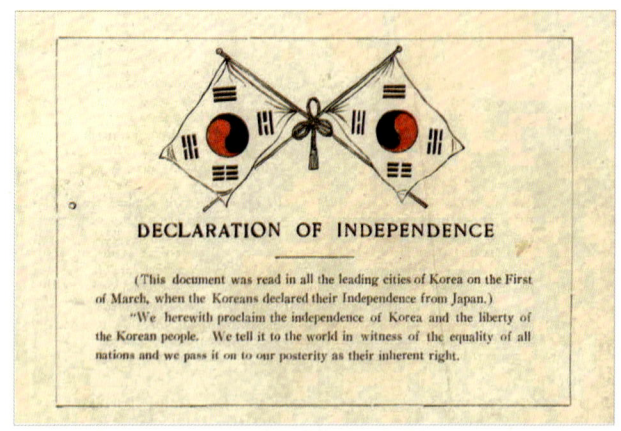

〈영문독립선언서〉18)

상하이 임시정부 '대한적십자회'는 1921년에 '3·1독립투쟁'의 생생한 모습을 담은 영문판 화보집 『한국독립운동(The Korean Independence Movement)』을 발간했다. 그리고 이를 통해 전 세계에 한국인의 독립에 대한 열망과 의지를 알리려 했다.

겉표지를 포함해 모두 52면으로 되어 있는 화보집은 '3·1독립투쟁 사진' 34면과 '영문독립선언서' 7면, 자유를 갈망하는 한국인의 외침 1면, 일본 군국주의 만행 고발내용 1면, 상해 대한적십자회 설립취지문과 대표자 명단이 7면에 걸쳐 실려 있다.

여기에 실린 '영문독립선언서'에 두 개의 태극기를 교차시켜 묶어 놓은 태극기 이미지가 실려 있다.19)

---

18) 데이빗 현(김영목 편집), 『현순목사와 대한독립운동』(서울: 한국독립협회, 2002) 49, 56.
19) "독립기념관, 3·1운동 영문판 화보집 첫 공개", 〈연합뉴스〉(2011년 2월 20일). https://www.yna.co.kr/view/AKR20110224052000063

13. 러시아 블라디보스토크 3·1운동과 태극기(1919년, 1920년)

〈연해주에서 열린 만세 시위, 1919년 3월 17일〉[20]

〈연해주에서 열린 3.1운동 1주년 기념행사, 1919년 3월 1일〉

1919년 3월 17일, 연해주(블라디보스토크)에서도 만세 시위가 벌어졌다. 그리고 1년 뒤인 1920년 3월 1일에는 '3·1만세운동' 1주년을 맞아 이를 기념하는 행사가 열렸다. 시위에 참석한 동포들이 대형 태극기 깃발과 소형 태극기를 들고 행진하는 모습이 인상적이다.

---

20) "중국과 러시아서도 만세시위 불길", 〈한겨레신문〉(2019년 3월18일) 기사 참조.
https://www.hani.co.kr/arti/society/society_general/886294.html / 독립기념관 소장자료.

14. '하와이 대한부인구제회 증서'의 태극기 (1921년)

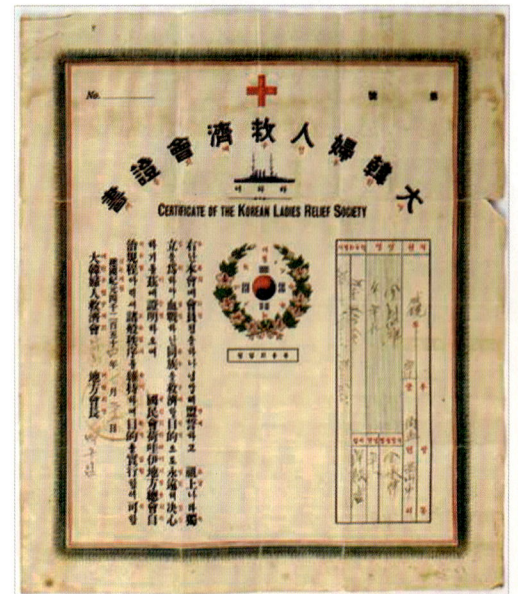

〈대한부인구제회증서, 1921년〉[21]

1919년 3·1운동이 일어나자 3월 15일 손(孫)마리아와 황(黃)마리아 등 하와이 각 지방 부인대표 41명이 호놀룰루에 모여 공동대회를 열고, 독립운동 후원을 결의하고, 3월 29일의 2차 대회에서 '대한부인구제회'를 결성하였다.

구제회의 목적은, ① 하와이 부녀사회의 운동역량의 집중, ② 독립운동자금 모집과 독립전쟁 출정군 구호를 위한 적십자대 훈련, ③ 항일독립 외교선전 후원이었다.[22] 이 증서의 중앙에 태극기 문양이 들어 있다.

---

21) '한국이민사박물관' 소장자료.
22) "대한부인구제회(大韓婦人救濟會)", 『한국민족문화대백과』(인터넷판).
　　https://terms.naver.com/entry.naver?docId=543045&cid=46623&categoryId=46623

K. 임시정부 태극기

1. 대한민국 임시정부의 '독립선언 기념식장' 태극기(1920년, 1921년)

〈1920년 상하이 올림픽극장에서 개최된 삼일절 기념식〉[23]

"대한민국 임시정부"는 삼일절을 국경절로 지정하고 성대한 기념식을 거행했다. 특히 처음 맞이하는 1920년의 삼일절은 대단히 뜻깊었다.

상하이에서의 삼일절 기념활동은 3월 1일 당일 새벽부터 시작되었다. 이날 6시부터 '샤페이로霞飛路 바오캉리寶康里' 일대 등 한인이 많이 사는 곳에는 가가호호 태극기가 게양되어 바람에 휘날렸다.

---

[23] '독립기념관' 소장자료이다. 'SBS뉴스, 인터넷 누리집'에 실린 기사, "최초의 3.1절 기념식은 언제 어디서 열렸을까?"(2013년 3월 1일)에서 가져왔다.

이날 오전 10시 임시정부와 임시의정원 요인들과 직원들이 참석한 가운데 간소한 기념식이 열렸다. 기념식은 애국가를 합창하고 국기에 대한 경례를 시작으로 이동휘 국무총리, 손정도 임시의정원 의장의 축사가 이어졌다. 계속하여 학생들의 '독립군가' 합창이 있은 다음에 국무총리의 만세삼창을 끝으로 폐회되었다.

삼일절 기념활동의 메인 이벤트는 이날 오후에 있었다. 이날 오후 2시에는 상하이와 인근 지역에 거주하던 거의 대부분의 한인들이 집결한 성대한 삼일절 기념식이 개최되었다. 기념식 장소는 공공조계 '징안스로靜安寺路'의 '올림픽극장夏令配克大戱院'이었다. 1914년 개관한 올림픽극장은 당시 공공조계에서 가장 훌륭한 시설을 갖추고 있던 대형극장이었다. 임시정부가 프랑스 조계를 벗어나 공공조계의 대형극장에서 행사를 거행한 데는 대외적인 선전효과가 컸기 때문이었다.

기념식장에는 만국기와 태극기가 바다를 이루어 분위기는 더없이 고조되었다. 주석단에는 두 개의 큰 태극기를 교차하였다. 주석단 양쪽에는 한자로 '독립만세獨立萬歲'라는 표어를 걸었으며 장내에는 만국기를 게양하였다. 교민단 단장 여운형이 기념식 개최를 선언하였다. 다음 군악대가 연주하는 반주에 맞춰 전체가 기립하여 애국가를 고창한 후 태극기 게양식을 거행하고 삼일독립선언서 낭독이 있었다. 이날 안창호는 "우리는 작년 3월 1일에 가졌던 정신을 변치 말고 잊지 말자 함이요"라고 역설하면서 3·1운동의 정신을 계승하자는 각오를 다짐하였다.

올림픽극장에서 삼일절 기념식이 끝난 후 청년들은 자동차 시위를 감행하였다. 청년들은 몇 대의 차량에 분승하여 가두행진을 벌이고 손에 태극기를 들고 독립만세의 구호를 높이 외쳤다. 지나가는 행인들은 걸음을 멈추고 이 광경을 쳐다보면서 박수를 치기도 하였다. 자동차 시위대는 프랑스 조계 샤페이로를 가로질러 공공조계 '시장로西藏路'를 거슬러 올라가 공공조계의 중심인 '난징로南京路'에서 태극기 시위를 하고 더 나아가 홍커우지역 상하이 일본총영사관 앞에까지 가서 시위를 하였다. 독립신문의 보도에 의하면, 홍커우지역 일본영사관 앞에 나타난 자동차 시위대는 일본 관헌들을 경악게 하였다고 한다. 차량 시위대가 홍커우지역 일본영사관 앞에 가서 만세시위를 하고 돌아오면서 삼일절 날 분위기는 최고조에 달했다.

〈1921년 상하이 올림픽극장에서 개최된 삼일절 기념식〉[24]

자동차 시위는 다음 해인 1921년 삼일절 때도 재연되었다. 자동차 시위는 "倭에게 對하여서는 우리를 보아라 하는 듯하고 다른 外國사람에게 對하여는 우리는 異族의 嵌制를 밧지 안을 大韓人이다"(『獨立新聞』 1921년 3월 5일)라는 것을 선언하는 것이었다. 1923년 삼일절에도 자동차 시위가 있었다.[25]

---

24) '독립기념관' 소장자료이다. '대한민국임시정부기념관' 인터넷 누리집에 실린 글, "대한민국 임시정부와 삼일절"(김광재, 국사편찬위원회 편사연구관)에서 가져왔다.
  https://www.nmkpg.go.kr/webzine/story/cn.do?rid=334
25) '대한민국임시정부기념관' 인터넷 누리집에 실린 글, "대한민국 임시정부와 삼일절"(김광재, 국사편찬위원회 편사연구관)에서 인용.
  https://www.nmkpg.go.kr/webzine/story/cn.do?rid=334

2) 이승만 임시정부 대통령 환영회장의 태극기 (1920년)

〈이승만 임시정부 대통령 환영회, 상하이, 1920년〉[26]

1919년 4월 11일 대한민국 임시정부를 수립하고, 그해 9월 11일에 대통령 이승만, 국무총리 이동휘, 내무총장 이동녕, 외무총장 박용만 등으로 내각을 구성했다. 그리고 미국에 거주하던 이승만은 상하이에 도착했다.

위의 사진은 1920년 12월 28일에 상하이 교민 주최로 열린 이승만 임시정부 대통령 환영회 장면인데, 중앙에 대형 태극기와 좌우에 작은 태극기를 게양한 벽면을 배경으로 촬영했다. 단상 왼쪽부터 손정도, 이동녕, 이시영, 이동휘, 이승만, 안창호, 박은식, 신규식, 장붕 등이다.

---

[26] '독립기념관' 소장자료.

3. 대한민국 임시정부 및 임시의정원 신년축하식 태극기 (1920년, 1921년)

〈대한민국 임시정부 및 임시의정원 신년축하회, 1920년 1월 1일〉

〈대한민국 임시정부 및 임시의정원 신년축하식, 1921년 1월 1일〉

대한민국 임시정부는 국가이자 정부임을 천명했기에 국가 상징의 여러 일들을 행하였다. 국기와 국가를 정하여 행사 때마다 태극기를 게양하고 애국가를 제창한 것이다. 나아가 국경일을 제정하여 우리 민족의 중요 역사와 사건을 기념하고 기억하였다. 국경일 제정 논의는 통일 임시정부가 성립한 뒤, 1919년 12월 1일에 본격화되었다.

여러 차례의 공식 회의를 거쳐, '독립선언일'과 '건국기원절'을 국경일로 제정하였다. 즉 3·1운동이 일어난 3월 1일을 '독립선언일'로 정한 것이고, 단군이 고조선을 건국한 음력 10월 3일을 '건국기원절'로 정한 것이다.

이후 1939년 11월 21일 제31회 임시의정원 회의에서 을사늑약이 강제된 11월 17일을 '순국선열기념일'로 정함으로써, 대한민국 임시정부의 3대 국경일이 정해졌다.

대한민국 임시정부는 이 같은 공식적인 국경일 이외에 기념일도 정해 행사를 거행하였다. 4월 11일 '임시정부수립기념일', 8월 29일 '국치일' 등을 기념한 것이다. 특히 '임시정부수립기념일'은 초기에는 '헌법발포일', 뒤에는 '임시정부성립기념일'이라고 하여 매년 기념식을 가졌다.

이런 일들을 주도했던 주요 인사들이 1920년 1월 1일에 '대한민국 임시정부 신년축하회'를 가진 뒤에 두 개의 대형 태극기를 배경으로 기념사진을 촬영했다.

그리고 1921년 1월 1일에는 '대한민국 임시정부 및 임시의정원 신년 축하식'을 가진 뒤에 교차한 두 개의 대형 태극기를 배경으로 기념사진을 촬영했다.[27]

---

27) '독립기념관' 소장자료이다. '대한민국임시정부기념관' 인터넷 누리집에 실린 글, "대한민국임시정부수립기념일"(김용달, 前독립기념관 한국독립운동사연구소장)에서 가져왔다. https://www.nmkpg.go.kr/webzine/story/cn.do?rid=334

4. 대한민국 임시정부 국무위원 최창식 태극기 (1919년경)

〈대한민국 임시정부 국무위원 최창식 선생 태극기〉28)

최창식 선생(1892~1957)은 일제강점기 때, 오성학교 교사로 재직 중 독립만세시위에 참여하는 등, 일찍부터 비밀리에 독립운동에 투신했다. 1919년 상하이에서 아내인 김원경 선생과 함께 대한민국 임시정부 수립에 참여했고, 임시의정원 의장, 국무위원[내무장內務長] 등을 역임한 교육자이자 독립운동가였다.

1919년 이화숙, 김원경(최창식 선생의 부인) 등이 조직한 '대한민국애국부인회'에서는 100여 장의 태극기를 제작하여 임시정부 요인이나 애국부인회 회원들이 나누어 가졌다고 한다.29)

최창식 선생이 소장했던 이 태극기도 바로 그 무렵에 제작한 것으로 보이는데, 태극기에 혈흔이 남아 있는 것이 특징이다.

---

28) '감리교신학대학교 역사박물관'에 소장되어 있다.
29) "독립지사 딸, 임정 혈흔 태극기 감신대 기증", 〈당당뉴스〉(인터넷판, 2012년 6월 5일 기사) 참조.
   https://www.dangdangnews.com/news/articleView.html?idxno=19130

5. 임시정부와 구미위원부 발행 공채 및 영수증의 태극기 (1920년)

〈대한민국 임시정부에서 발행한 독립공채 50원, 1921년〉

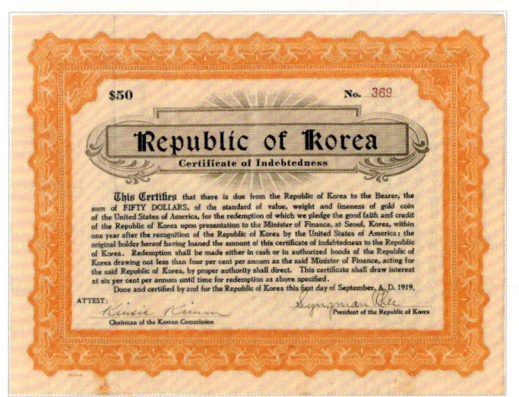

〈구미위원부에서 발행한 독립공채 100달러〉30)

    일제강점기 우리의 독립운동 과정에서 독립운동 자금은 매우 체계적으로 모금되었다. 대한민국 임시정부는 제4회 임시의정원 회의에서 '인구세'와 '애국

---

30) 아래위의 사진 자료 모두 '대한민국임시정부기념관' 인터넷 누리집에 실린 글, "대한민국 임시정부의 독립공채 발행과 독립운동자금 모집"(김도형, 『순국』 편집위원)에서 가져왔다. https://www.nmkpg.go.kr/webzine/story/cn.do?rid=265

금'을 모집하기로 하였다. 1919년 6월 15일 재무총장 최재형 명의로 징세령을 내렸는데, 징세에 대한 명칭은 '인구세'라고 하였다. 그리고 20세 이상 모든 한국민들은 1년에 금화 1원을 인구세로 내게 하였다.

미주에서는 대한인국민회 중앙총회가 인구세 징수를 대행하게 되었는데, 1919년도에 미주 한인들에게 1달러의 인구세를 거두었다.

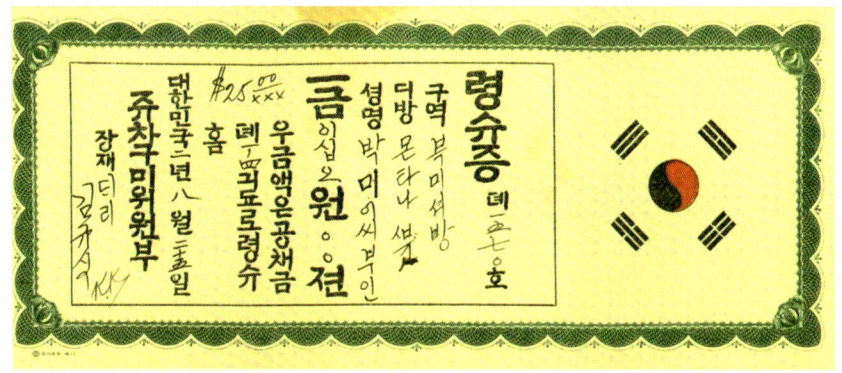

〈공채금(인구세) 영수증의 태극기, 1920년 8월〉[31]

북미서방 구역 몬태나주 지방에 사는 '박미이 씨'가 공채금 25달러를 제1~4기조로 낸 것에 대해, 대한민국 2년(1920년) 8월 25일에 주차구미위원부 장재 대리 김규식의 명의로 발급한 영수증이다.

구미위원부는 1920년 대한민국임시정부로부터 재정관할권을 인정받으며 적극적인 독립운동자금 모금활동을 하였다.

이 영수증의 오른쪽에 태극기 문양이 자리 잡고 있는데, 자세히 보면 태극양의(兩儀, 음양)는 세로로 세워져 있고, 4괘 중에 감(≡≡)·리(≡)의 위치가 바뀌었다.

---

31) '공훈전자사료관'(인터넷 누리집). https://e-gonghun.mpva.go.kr/user/index.do

6. '독립군 진군기'의 태극기 (1920년대)

〈독립군 진군기〉[32]

    1920년대 독립군들이 사용하던 태극기를 바탕으로 한 군기인 진군기이다. 태극기의 옆과 아래에 황색, 적색, 녹색 천을 덧대어서 군기로 사용하였다.
    그 당시 만주에서 활동하던 독립군들은 청산리 전투와 같은 무장독립투쟁의 최전선에서도 태극기를 군기로 삼아 독립전쟁을 벌였다.

---

32) 독립기념관 소장자료.

7. 독립군 '피 묻은' 태극기

〈독립군의 피묻은 태극기〉[33]

1920년 6월에 벌어졌던 '봉오동 전투' 당시에 전투에 참여했던 독립군 부대가 일본군을 대패시킬 때 썼던 태극기이다. 태극기에 피가 묻어 있어서 치열했던 전투 상황을 떠올리게 한다.

---

[33] '독립기념관' 소장.

8. 신규식 태극기 (1921년)

〈신규식 태극기, 독립기념관 소장〉

신규식(申圭植, 1880~1922) 선생은 1911년 상하이로 건너가 쑨원 등 중국혁명인사들과 함께 신해혁명에 가담했고, 1919년 '대한민국 임시정부'의 외무총장을 역임하는 등 독립운동에 매진한 인물이다.34)

위 사진은 신규식 선생이 1921년 미국인 콘스탄틴 대위에게 기증한 태극기인데, 흰바탕의 비단에 태극과 괘를 오려 박아서 만든 것이다. 자세히 보면 태극 양의(兩儀, 음양)는 세로로 세워져 있고, 4괘 중에 감(☵)·리(☲)가 바뀌었다. 오늘날 태극기와는 다른 형태이며, 현재 '독립기념관'에 소장되어 있다.

---

34) '신규식 선생'은 1919년 임시정부가 수립되자 의정원(議政院) 부의장에 선출, 법무총장을 거쳐 1921년 국무총리 겸 외무총장이 되었다. 1922년 임시정부 안에 내분이 생기자 조국의 장래를 근심한 나머지 25일간 단식을 계속하다 목숨을 끊었다. 저서에 《한국혼(韓國魂)》, 《아목루(兒目淚)》가 있다. 1962년 대한민국 건국훈장 대통령장이 추서되었다. "신규식(申圭植)", 『두산백과 두피디아』(인터넷판) 참조.
https://terms.naver.com/entry.naver?docId=1118716&cid=40942&categoryId=33384

L. 서기 1922년~1942년

1. 3·1독립선언 경축식 (3주기) 식순(1922년)

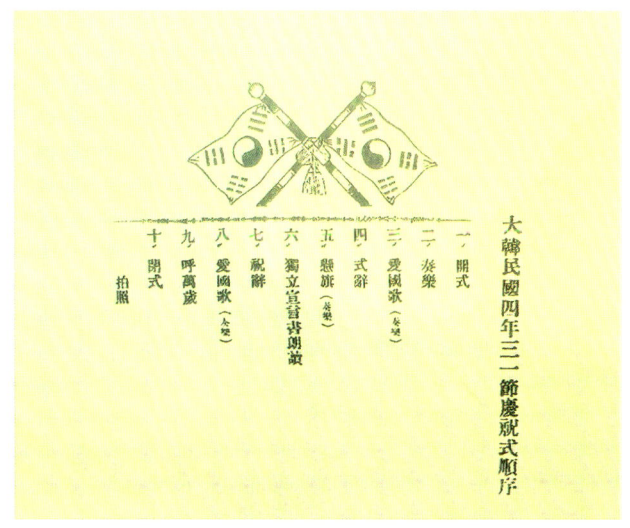

〈대한민국 4년 3.1절 경축식 순서, 1922년〉[35]

1922년 3월 1일에 대한민국 임시정부가 거행했던 3·1독립선언 3주년 경축식의 식순이다. 개식(開式), 주악(奏樂), 애국가(愛國歌), 식사(式辭), 현기(懸旗), 국기 게양), 독립선언서낭독(獨立宣言書朗讀), 축사(祝辭), 애국가(愛國歌), 호만세(呼萬歲, 만세삼창), 폐식(閉式)의 순으로 기념식이 진행되었다.

이 순서지에 교차한 두 개의 태극기를 넣어서 편집했다. 특이한 점은 4괘(卦) 중에 감(☵)과 리(☲)의 순서가 바뀌었다.

---

35) 독립기념관 소장.

2. 대한민국 임시의정원 태극기 (1923년 제작)

〈대한민국 임시의정원 태극기〉36)

　1923년 중국 상하이 대한민국 임시의정원에 게양된 것으로 전해지는 태극기이다. 대한민국 임시의정원 의장과 대한민국 임시정부 국무위원 등을 역임한 김붕준(金朋濬)과 그의 아내 노영재(盧英載)가 제작했다. 이 태극기는 마직물에 4괘와 태극의 양의(兩儀, 음양)를 오려서 세로로 세워서 정교하게 박음질다. 좌측 상단과 하단, 중간 상단과 하단에 묶음 줄이 있어 벽면 부착용으로 추정된다. 묶음 줄을 기준으로 보았을 때, 4괘는 가로 상단에 건·이괘, 가로 하단에 감·곤괘를 배치하였는데 이는 전형적인 임시정부의 태극기 형태이다. 이 태극기는 태극기 변천사 중에 특히 임시정부의 사용 태극기 자료와 함께 광복의 역사를 연구할 수 있는 사료적 가치가 크다는 평이다.

---

36) '임시의정원'은 각 지방을 대표하는 의원들로 구성된 대의기구이자 입법기구이다. 1919년 4월에 제1회 회의를 개최하고 '대한민국임시정부'를 탄생시켰다. 태극기 크기는 가로189cm, 세로142cm. 등록문화재 제395-1호. 출처 : 문화재청.

3. 상하이 대한민국 임시정부 국무회의실 태극기

〈대한민국 임시정부 회의실 김구 주석 흉상과 태극기, 복원〉[37]

〈대한민국 임시정부 회의실 태극기, 복원〉

---

[37] 중국 상하이의 "대한민국 임시정부 청사" 1층 회의실에 복원된 태극기이다. 출처 : "임시정부가 상해에 있던 건 우연이 아니다", 〈오마이뉴스〉(2019년 6월 19일). https://www.ohmynews.com/NWS_Web/Series/series_premium_pg.aspx?CNTN_CD=A0002546464

4. 김상옥 열사 태극기 (1923년)

〈김상옥 열사 태극기〉38)

　김상옥(1889~1923) 선생은 20대 후반 경북 지역에서 동지들과 함께 비밀결사 광복단을 결성하였고, 이후 무력투쟁으로 노선을 변경하여 혁신단을 조직하였다. 1923년에 일제 경찰력의 중심부이자 독립운동가 검거와 탄압의 상징이었던 종로경찰서 투탄의거를 거행하였고, 수백 명의 일경과 홀로 대치한 상황 속에서 자결하여 순국하였다. 위의 태극기는 선생이 간직했던 태극기이다.

---

38) 독립기념관 소장자료.

5. 광주학생운동 이두석 태극기 (1929년)

〈이두석(李斗錫) 태극기〉[39]

　광주학생독립운동을 지지하는 연대 시위에 참여했던 이두석(李斗錫)이 소장했던 태극기이다. 이두석은 서울 중동중학교 재학 중 시위에 참석하여 경찰에 검거, 강제 퇴교당하였다.

---

39) 독립기념관 소장자료.

6) 뉴욕 월드프 아스토리아호텔 게양 태극기 (1930년 제작 추정)

〈뉴욕 월포드 아스토리아 호텔 게양 태극기〉40)

1942년 이승만 박사가 '뉴욕 월도프 아스토리아 호텔'에서 '한국독립 만찬회'를 열 때 사용했다고 알려진 태극기이다.

이를 1981년에 재미동포 김동준씨가 발견하고 22년동안 간직하고 있다가 2003년 5월에 우리나라 '국회의사당'에 기증하였다.41)

이 태극기는 미국에서의 태극기 제작 및 항일독립운동사의 연구 자료로서 가치가 크다.

---

40) 국회사무처 헌정기념관 소장.
41) 이를 소개하는 신문 기사를 참조할 것. "이승만 초대대통령이 쓰던 태극기 돌아왔다." 〈조선일보〉(2003년 5월 30일)

조선 03.5.30.

이승만 초대대통령 쓰던 태극기 돌아왔다

재미동포 김동준씨 기증 "異國서 독립운동했던 선조 뜻 기렸으면…"

"나라도 없던 시절 태극기 하나로 한마음이 되어 독립운동을 했던 선조들의 뜻을 후손들이 잊지 않았으면 합니다."

뉴욕 한미공화당선거대책위원회 의장을 지낸 재미동포 김동준(金東準·69)씨가 이승만 초대 대통령이 미국에서 독립운동할 때 쓰던 태극기를 70여년 만에 한국으로 갖고 왔다.

김씨가 기증한 태극기는 <u>1930년대 미국에서 만들어진 것으로</u>, 이승만 전 대통령이 1942년 뉴욕 월돌프 아스토리아 호텔(Waldorf Astoria Hotel)에서 개최된 한국 독립 만찬 파티에서 사용했던 것이라고 한다.

"1981년 9월 레이건 대통령의 선거금 모금을 위한 만찬장에 갔다가 오래된 태극기가 눈에 들어왔어요. 만찬이 끝나기가 무섭게 월돌프 아스토리아 호텔 담당자에게 누가 걸어놓은 태극기냐고 물어봤죠. 예전부터 내려오던 거라 사연을 모른다고 하더군요."

김씨는 "이런 모양의 태극기는 더 이상 쓰지 않는다"며 "똑같은 크기의 새 태극기를 줄 테니 맞바꾸자"고 호텔측 담당자를 설득했다.

호텔측 담당자는 "그동안 잘못된 국기를 걸어서 미안하다"며 흔쾌히 태극기를 교환해줬다.

그후 김씨는 태극기에 붙은 이름표를 보고 워싱턴에 있는 제작 회사를 찾아가 1930년대 만들어진 것임을 알아냈고, 한표욱 전 UN 대사를 통해 1942년 한 대사가 직접 참석했던

◇김동준씨가 국회에 기증한 이승만 초대 대통령이 미국에서 독립운동할 때 쓰던 태극기.

1930년 미국

1942년 '한국 독립' 만찬 파티장서 사용
"81년 발견…22년간 목숨처럼 간직했어요"

만찬장에서 이승만 초대 대통령이 사용한 국기라는 걸 확인했다.

"22년 동안 목숨처럼 소중히 보관했어요. 제가 죽기 전에 한국에 돌려보내야겠다는 생각을 했습니다." 김씨는 지난 4월 미국을 방문한 박관용 국회의장에게 기증 의사를 밝혔다.

김씨가 국회에 기증한 태극기는 가로 1m43, 세로 84cm의 두꺼운 광목천 앞면과 뒷면에 청·홍색의 천으로 긴 몸통의 태극양의(太極兩儀)와 청색의 4괘를 정교하게 재봉질해서 겹으로 붙인 것으로, 제작 방법과 괘의 색깔 등이 초창기 태극기인 '데니의 태극기'와 흡사하다. 김원모 단국대 명예교수 등 태극기 연구 권위자들은 김씨의 태극기가 태극기의 원형을 연구하는 데 귀중한 사료가 될 것으로 평가하고 있다.

머나먼 이국 땅에서 우리나라의 애국지사와 고락을 함께했던 이 태극기는 30일부터 11일간 국회 헌정기념관에서 열리는 대한민국 임시의정원 특별 전시회를 통해 일반국민들에게 전시된다.

"이승만 초대 대통령이 독재 등으로 비판을 받고 있지만 평생을 우리 나라의 독립과 자유민주주의를 위해서 몸바친 건 사실이잖아요. 젊은 세대들이 태극기를 보며 얼마나 힘들게 얻어진 독립과 자유민주주의인지 잊지 않았으면 좋겠습니다."

/글=朱裕鱗기자 yrioo@chosun.com
/사진=金振平기자 jpkim@chosun.com

〈이승만 대통령 사용 태극기, 조선일보(2003년 5월 30일) 기사〉

7) 대한독립만세(大韓獨立萬歲) 태극기 (1930년 제작 추정)

〈대한독립만세 태극기〉[42]

1930~1940년 미국에서 제작된 것으로 추정되는 태극기이다.

청색과 홍색의 모직 펠트를 연결하여 가늘고 긴 삼각형 형태의 깃발 속에 제작된 태극기로, 청색 펠트에는 "大韓獨立萬歲" 글귀가 박음질 되어 있고 홍색 펠트에는 날염된 태극기가 부착되어 있다.

미국의 대학 깃발 같은 모양과 재질, 재봉틀 솜씨, 태극기의 괘 등으로 보아 우리나라가 광복되기 전(1930~1940년대)에 제작된 것으로 추정되는 태극기이다.

미국에서의 독립운동 관련 태극기 변천사를 연구하는 데 귀중한 자료이다.

---

42) 등록문화재 제387호. '독립기념관' 소장.

8. 한인애국단장 김구 선생과 단원들 사진 속의 태극기(1932년)

〈한인애국단 단장 김구 선생과 단원들, 왼쪽부터 최흥식, 김구, 유상근, 미상〉[43]

1930년대 일제의 침략전쟁에 맞서 대한민국임시정부는 다양한 독립운동을 추진하였다. 그 가운데 비밀공격 조직을 통한 주요 인물 제거를 목표로 한 활동을 계획하였는데, 이를 위해 1931년에 한인애국단(韓人愛國團)을 조직했다.

대한민국 임시정부의 국무령이던 김구(金九, 1876~1949) 선생이 중심이 되어 김석(金晳), 안공근(安恭根), 이수봉(李秀峰), 이유필(李裕弼)이 간부로서 애국단의 조직을 운영하고, 단원으로는 유상근(柳相根), 유진만(兪鎭萬), 윤봉길(尹奉吉), 이덕주(李德柱), 이봉창(李奉昌), 최흥식(崔興植) 등이 참여하였다.

한인애국단은 독립운동의 새로운 활로로서 일본의 주요 인물을 암살하여 일본의 국가 운영 체계나 대외침략을 좌절시키려는 목표를 가지고 있었다. 독립운동의 비밀결사 조직인 셈이다.[44]

---

43) '백범기념관' 소장자료.

이후 한인애국단은 1932년 1월부터 5월까지 도쿄(이봉창 의거), 상하이(윤봉길 의거), 다롄(최흥식 의거) 등지에서 일제 침략기구 및 침략자 처단 의거를 결행했다.

〈한인애국단 단장 김구 선생과 윤봉길 의사〉[45]

---

44) "한인애국단(韓人愛國團)", 『두산백과 두피디아』(인터넷판).
   https://terms.naver.com/entry.naver?docId=1123436&cid=40942&categoryId=33384
45) '백범기념관' 소장자료.

〈한인애국단 윤봉길 의사〉46)

1931년에 윤봉길 의사가 '한인애국단'에 입단할 때 태극기를 배경으로 선언문과 함께 찍은 사진이다. 오른손에는 수류탄을, 왼손에는 권총을 들었다.

유상근 의사와 최흥식 의사, 그리고 이봉창 의사도 각각 태극기를 배경으로 촬영한 사진을 남겼다.

---

46) 출처 : '국가유산이미지' 자료.
https://www.heritage.go.kr/heri/cul/imgHeritage.do?ccimId=10001638&ccbaKdcd=12&ccbaAsno=05680300&ccbaCtcd=34

〈한인애국단 유상근 의사(좌), 최흥식 의사(우)〉[47]

〈한인애국단 이봉창 의사〉[48]

---

47) '국립대한민국임시정부기념관' 소장.
48) '백범기념관' 소장.

9. 김구 주석 서명 태극기(1941년)

〈대한민국 임시정부 김구 주석 서명문 태극기〉[49]

　대한민국임시정부 김구(1876~1949) 주석이 1941년에 중국에서 미국으로 가는 '매우사(梅雨絲, 미우스 오그) 신부'에게 준 태극기이다. 태극기의 오른쪽 흰색 바탕에 광복군에 대한 우리 동포들의 지원을 당부한 김구 선생 친필 묵서가 적혀 있다. 이후 미국으로 건너간 '매우사 신부'는 도산 안창호 선생의 부인 이혜련 여사에게 이 태극기를 전했고, 후손들이 보관하다가 '안창호 유품' 중 하나로 1985년 3월 11일 독립기념관에 기증하였다.

---

[49] 서명문의 내용은 다음과 같다. "매우사 신부에게 부탁하오. 당신은 우리의 강복 운동을 성심으로 돕는 터이니 이번 행차의 어느 곳에서나 우리 한인을 만나는 대로 이 의구(義句, 올바른 글)의 말을 전하여 주시오. 지국(止國, 망국)의 설움을 면하려거든, 자유와 행복을 누리려거든, 정력·인력·물력을 광복군에게 바쳐 강노말세(強弩末勢, 힘을 가진 세상의 나쁜 무리)인 원수 일본을 타도하고 조국의 독립을 완성하자. 1941년 3월 16일 충칭에서 김구 드림" / 독립기념관 소장.

M. 한국광복군 태극기(1940년~1942년)

1. 한국광복군 총사령부 태극기(1940년)

〈한국광복군 성립 전례식 기념사진, 1940〉[50]

〈한국광복군 성립 전례식에서 대회사를 하는 김구 주석, 1940〉[51]

---

50) '한국광복군기념사업회' 소장.
51) '독립기념관' 소장자료.

〈한국광복군총사령부 성립 전례식 후 한중 대표 사진, 1940〉[52]

1940년 9월 17일 중국 중경(重慶)의 가릉빈관(嘉陵濱館)에서 거행된 '한국광복군총사령부 성립 전례식' 후 한중 대표의 기념사진이다. 서로 교차한 대형 태극기와 중국국기를 배경으로 촬영했다. 앞줄에 지청천, 김구, 류즈 등이 보인다.

---

52) '독립기념관' 소장자료.

〈한국광복군총사령부 서안 총무처직원, 1940〉[53]

2. 한국광복군 제5지대 성립 기념 태극기(1940년)

〈한국광복군 제5지대 성립 기념, 1941〉[54]

---

53) '한국광복군기념사업회' 인터넷 누리집. https://blog.naver.com/kia0917
54) '한국광복군기념사업회' 소장.

3. 한국광복군 제1지대, 제2지대 대원과 태극기(1940년)

〈한국광복군 제1지대 대원, 1942〉[1]

〈한국광복군 제2지대 대원〉[2]

---

[1] 민족 혁명당이 임시정부에 참여하면서 '조선의용대'는 '광복군 제1지대'로 편제되었다. '한국광복군기념사업회' 소장자료.
[2] '독립기념관' 소장자료. "대한독립만세"…피로 물든 '그날의 목소리', 〈한국경제신문〉(인터넷판, 2022년 3월 1일 기사)에서 가져옴.
https://www.hankyung.com/article/2022022505596

N. 일제강점기 말기의 태극기(1943년 ~1945년)

1. 한인국방경위대(California Korean Reserve, 韓人警衛隊)

〈재미한족연합위원회가 결성한 한인국방경위대, 1942년〉3)

한인국방경위대(California Korean Reserve, 韓人警衛隊)는 1942년 로스앤젤레스(Los Angeles, 羅城)에서 한인들로 구성된 군사 조직이었다.

태평양전쟁이 일어나자 재미 한인들은 캘리포니아 주방위군과 협의하여 18세부터 65세까지 지원자에 한하여 캘리포니아주 방위군(California State Militia)의 부속된 민병대로 편성되었다. 이들을 '맹호군(猛虎軍)'이라 불렀다.

한편 샌프란시스코(San Francisco, 桑港)에서는 1942년 5월 30일 조직되었는데, 1943년 1월 6일 캘리포니아 주정부에서 인허를 받았다. 처음부터 한인국방경위대로 조직된 것은 아니고 주방위군 제1연대 K중대에서 한인 30여 명

---

3) '임시정부 기념사업회' 소장자료.

이 8개월 정도 교육을 받은 후 편성되었다. 매주 토요일 오후 미션 스트리트(Mission St.)의 '아모리 홀(Armory Hall)'에서 교육을 받았다.

〈재미한족연합위원회가 결성한 한인국방경위대, 1942년〉[4]

한인국방경위대인 맹호군이 캘리포니아주 방위군으로 편성된 후, 1942년 4월26일 퍼레이드를 벌였다.

퍼레이드를 시작하기 전 태극기와 성조기를 배경으로 기념사진을 촬영하고(사진 위), 이어서 태극기와 성조기를 앞세워 시내를 행진했다(사진 아래).

---

4) 출처 : '대한인국민회 기념재단' 인터넷 누리집. https://knamf.org/

2. 인도·버마(미얀마)전선에 파견된 광복군 태극기 (1943년)

〈한국광복군 인도·버마 전선 공작대, 1943년〉5)

1943년 인도(印度, 인디아) 주둔 '영국군총사령부'의 요청으로 '한국광복군총사령부'에서는 각 지대에서 '인도'로 파견할 대원들을 선발하였다. 선발기준은 신체조건과 어학(일본어)이 중시되었으며, 제1지대에서 2명 제2지대에서 7명 등 모두 9명을 선발하여 '인도 파견 공작대'를 편성하였다. 9명의 광복군이 인도와 미얀마 전선에 투입되었다.

파견되기 전 태극기를 펼쳐 들고 기념사진을 촬영했다. 사진의 앞줄은 나동규(왼쪽)·김성호(오른쪽). 뒷줄은 왼쪽부터 김상준·문응국·박영진·한지성·베이컨(Roland C. Bacon, 영국군 연락 장교)이다.

---

5) '한국광복군기념사업회' 소장자료.

3) '재화(在華) 자유한인대회'의 태극기 (1943년)

〈재화(在華) 자유한인대회, 중경(中京), 1942년〉6)

'재화(在華) 자유한인대회'는 1943년 5월 10일에 중국의 중경(中京, 충칭)에서 대한민국임시정부 주관하에 한국의 국제공동관리를 반대하기 위해 개최한 대회이다.

1943년 초 영국의 수상 '이든'은 미국 대통령 '루스벨트'를 만나 한국의 국제공동관리를 논의했다. 이에 따라 대한민국임시정부는 한국의 국제공동관리를 반대하기 위해 중국 충칭(중경)의 독립운동세력과 함께 자유한인대회를 개최했다. 그리고 한국은 독립국가이며, 한민족은 자유인임을 선포했다.

---

6) '독립기념관' 소장자료.

대회장 연단의 배경에 태극기를 세로로 세워 벽면에 부착하고, 태극기 오른쪽에 '大韓民國(대한민국)'을 왼쪽에는 '獨立萬歲(독립만세)'라는 글귀로 장식했다.

연단에서 연설하는 이는 당시 '대한민국 임시의정원' 의장인 홍진(洪鎭, 1877~1946) 선생이다.

〈'재화 자유한인대회'에서 연설하는 '홍진' 선생〉[7]

---

7) '독립기념관' 소장자료.

4. 카이로 선언 경축 미국 체신부 발행 우표 (1944년)

〈'미국 체신부' 발행 태극기 도안 우표, 1944년〉8)

1943년 11월 27일 '카이로 선언'에서 한국의 독립을 승인하자, 1944년 11월 2일 '미국 체신국'에서는 '태극기 기념우표'를 발행하여 한국인의 지속적이고도 용감한 독립투쟁에 대하여 경의를 표하였다.

'한국독립 승인 기념우표'의 태극기를 자세히 살펴보면, 태극 양의(兩儀)는 빨간색과 파란색으로, 4괘는 파란색으로 되어 있다.

크기는 가로 4.0cm, 세로 2.6cm이다.

---

8) '공훈사료전시관' 소장자료.
https://e-gonghun.mpva.go.kr/user/IndepCrusaderDetail.do?goTocode=20003&mngNo=73668

5) 일제강점기 말기 미(美) 우체국 '초일봉피' 태극기 (1944년)

　일제 말기 한국의 독립을 도우려는 취지로 미국 체신부에서는 여러 종류의 '초일봉피'(FDC)를 발행했다. FDC(초일봉피)는 'First Day Cover'의 약자다. 기념우표가 새로 발행되는 날, 흰 봉투 겉면에 그 우표를 붙이고, 우체국에서 기념통신 날짜의 송인을 찍는 것을 말한다. 이 '초일봉피'에 태극기 문양이 그려져 있다.9)

――――――――――――――――
9) 송명, 『얘들아, 태극기이야기 좀 들어보렴』 120.

6. 한국광복군 서명문 태극기(1945년)

〈한국광복군 서명문 태극기〉10)

"한국광복군 서명문 태극기(韓國光復軍 書名文 太極旗)"는 광복군 제3지대 2구대에서 활동하던 문웅명(일명 문수열)이 1945년 2월경에 광복군 동료 이정수로부터 선물로 받은 태극기이다. 1945년 1월 문웅명이 타 부대로 이임하자 동료 대원들이 서명해 준 태극기이다.

태극문양과 4괘는 옷감을 덧대고 재봉틀로 박음질하여 제작하였다. 태극기 바탕에 조국의 완전한 독립을 염원하며 결의를 다지는 글귀와 서명이 빼곡히 적혀 있다. 70여 건의 서명 중 김국주는 제17대 광복회장, 김영일은 제18대 광복회장으로 활동하였다. 이 태극기에는 글귀마다 나라 사랑과 자유에 대한 굳건한 열망이 담겨있다.

---

10) '독립기념관' 소장.
　　https://search.i815.or.kr/sojang/important.do?type=2&count=4

O. 1945년 8·15 광복, 대한민국 정부수립

1. 광복 직후 태극기

〈해방 경축 군민대회, 전남 광양〉11)

1945년 8월 17일, 광양 시국수습군민회의 위원장 김완근이 광양서국민학교 교정에서 개최된 해방경축군민대회에서 연설하고 있다.

연단 뒤편에 세로로 게양된 태극기의 4괘 중에 '감괘(坎卦, ☵)' 대신 '간괘(艮卦, ☶)'가 그려져 있다.

---

11) "광양의 해방정국", 〈광양시민신문〉(2013년 8월 26일 기사)에서 가져옴.
https://www.gycitizen.com/news/articleView.html?idxno=4641

2. 건국준비위원회 태극기 (1945년)

〈조선건국준비위원회 선언문 발표회장의 임시 태극기〉12)

〈조선건국준비위원회 선언문 발표회장의 임시 태극기, 확대〉

---

12) "그림은 장식 아니라 시대정신 … 그래서 '해방 현장' 지켰다." 〈한겨레신문〉 (인터넷판. 2017년 1월 18일 기사).
https://www.hani.co.kr/arti/culture/culture_general/779361.html

〈조선건국준비위원회 선언문 발표회장의 임시 태극기, 재현〉[13]

　1945년 8월15일 해방과 동시에 "조선건국준비위원회"[14]를 발족한 '여운형 (呂運亨, 1886~1947)'은 17일 서울 종로 'YWCA 강당'에서 중앙조직을 공포하고 3천만 동포에게 알리는 '건준 선언문'을 발표했다. 벽에 걸린 임시 태극기들의 문양이 눈길을 끈다.

---

13) '조선건국준비위원회'의 '재현'한 임시 태극기 출처는 각각 다음과 같다. 좌측은 Na Jung Tai, 『역사의 태극기展』(전시회 도록, 2008년). ; 우측은 "조선건국준비위원회", 『위키백과』(인터넷판). https://ko.wikipedia.org/wiki/
14) 조선건국준비위원회(朝鮮建國準備委員會)는 1945년 8월 15일부터 9월 7일까지 한국의 군정기에 여운형, 안재홍 등을 주축으로 일본 제국으로부터 행정권(총독부에 5개 항을 요구하며, 치안권 요구)을 인수받기 위하여 만든 조직이다. 한반도 남부에는 여운형과 안재홍 등을 주축으로, 한반도 북부에는 조만식 등을 주축으로 결성되었다. 줄여서 건준(建準)이라고도 부른다. 후에 조선인민공화국으로 개편되었다.

3. 미(美) 군정(軍政) 시기의 태극기 (1945년 11월 17일)

① 〈대한민국 임시정부 태극기〉

② 〈광복 후 대한민국 정부수립 이전까지 태극기〉

① '대한민국 임시정부(1919~1945)의 태극기'는 태극의 방향과 크기, 4괘의 배치가 연재와 다르다.

② '광복 이후 대한민국 정부수립 이전까지의 태극기'는 8·15 광복 후 '미(美) 군정(軍政)'이 1945년 11월 17일에 태극기의 양식을 제정하여 '군정 문교부 당국'이 발행한 교과서에 발표한 것이다. 이 태극기는 리괘(離卦)와 감괘(坎卦)의 위치가 바뀌어 있다.

4. 대한민국 임시정부 환국 기념 태극기 (1945년 11월 3일)

〈대한민국 임시정부 환국기념, 중경(中京, 중칭)〉[15]

 1945년 11월 3일, 중국의 중경(中京, 중칭)에서 김구 선생과 요인들 및 가족들이 교차한 두 개의 대형 태극기를 배경으로 촬영했다.
 광복 직후 김구 선생은 곧바로 조국 땅으로 돌아오지 못했다. 미군과 소련군이 대한민국 임시 정부를 공식적으로 인정하지 않았기 때문이다. 그는 임시정부의 대표임에도 미국의 반대로 인해 개인 자격으로 11월 23일이 되어서야 조국에 돌아왔다.

---

15) 독립기념관 소장자료.

5. 환국(還國)을 준비하는 김구 선생, 중국 상해 (1945년)

〈환국을 위해 상하이에 도착한 김구 선생, 상해(上海, 상하이)〉16)

김구 선생과 '대한민국 임시정부'의 귀국은 '미 군정'에 의해 지연되었다. 이에 따라 1945년 11월 5일에 이르러서야 상해에 도착할 수 있었다.

사진은 중국 상하이의 '홍구비행장'에 도착한 김구 선생 일행이다. 가운데 태극기를 든 이가 김구 선생이다. 바로 뒤의 여성은 김구 선생의 맏며느리인 안미생 여사이다.

---

16) '김구 재단' 소장자료.

〈환국을 위해 상하이에 도착한 김구 선생과 임시정부 요인들〉[17]

---

17) '김구 재단' 소장자료.

6. 1946년 3·1절 기념식장의 김구 주석과 태극기 (1946년 3월 1일)

〈1946년 3·1절 기념식장의 김구 주석〉[18]

---

18) '김구 재단' 소장자료.

1946년 3월 1일, 해방 후 첫 삼일절을 맞아 보신각에서 김구 주석 등 우리나라의 주요 인사들과 주한미군사령관 '하지' 등, 군정청의 주요 간부들이 기념식을 하고 있다. 김구 주석이 축사를 낭독 후 김규식 선생 선창으로 만세삼창이 이어졌다.

　이날 기념식장 연단 위의 김구 주석 뒤로 대형 태극기가 게양되었다.

〈김구 선생 태극기, 1946년 3 · 1절, 재현〉[19]

---

19) 나정태, 『역사의 태극기展』(전시회 도록, 2008년).

7. 평양 모란봉극장, 김구 선생과 태극기 (1948년 4월 22일)

〈남북연석회의에서 연설하는 김구 선생. 1948년 4월 22일〉[20]

1948년 4월 22일 평양에서 열린 '남북연석회의' 본회의에서 김구 선생은 준비해 온 연설문을 낭독했는데, 내용 중 일부를 소개하면 다음과 같다.

"친애하는 의장단과 각 정당 단체 대표 여러분. … (중략) …. 조국이 없으면 민족이 없으며 민족이 없으면 무슨 정당이나 무슨 주의, 무슨 단체도 존재할 수 있겠나? 그러므로 현 단계에 있어서 우리 전 민족의 유일한 최대 과업은 통일독립의 쟁취인 것이다. … (중략) …. 그러므로 현재 우리들의 공동한 투쟁목표는 단정단선을 분쇄하는 것이 되지 않으면 아니 될 것이다."[21]

연설 중인 김구 선생 뒤쪽에 대형 태극기가 2개 게양되어 있다. 그 형대로 보아 임시정부에서 사용하던 것과 비슷한 태극기로 보인다.

---

20) '김구 재단' 소장자료.
21) "1948년 4월 30일, 평양에서 남북대표자 연석회의 공동성명 발표", 〈울산저널〉(인터넷 판. 2022년 3월 22일). https://m.usjournal.kr/news/newsview.php?ncode=1065606624627929

8. 조선 우표와 태극기 (1946~1950년)

1) 해방조선 기념우표(1946년 5월 1일, 체신부 우정국 발행)22)

---

22) 출처; "행정안전부 국가기록원", '우표와 포스터'.
https://theme.archives.go.kr/next/stampPoster/stampList.do?year=194&stampPosterType=Y

2) 해방 1주년 기념우표의 태극기 (1946년 8월 15일, 북한 발행)

북한이 1946년 8월 15일에 발행한 '해방 1주년 기념우표' 2종이다. 특이한 것은 김일성 초상의 배경에 태극기가 있다는 것이다.[23]

3) 조미간 우편물교환재개 기념우표 태극기 (1946년 9월 9일 발행)

---

23) "대치의 남북한, 나비의 두 날개처럼 공존·공생이 답", 〈중앙일보〉(인터넷판, 2019년 8월 13일). https://www.joongang.co.kr/article/23551271

4) 총선거 기념우표의 태극기 (1948년 5월 10일 발행)

〈총선거 기념우표의 태극기〉24)

〈총선거 기념우표와 초일봉투〉25)

　광복 후 처음으로 치르게 된 '총선거'를 기념하여 발행한 우표이다. 이 우표에 편집된 태극기를 보면, 현재의 태극기와 비교했을 때, 4괘 중에 '감(坎)'과 '리(離)'의 위치가 바뀌어 있다.

---

24) 출처; "행정안전부 국가기록원", '우표와 포스터'.
25) "5·10 총선거와 헌법공포 기념… 5월엔 조선 우표, 8월엔 대한민국 우표로", 〈조선일보〉(인터넷판, 2024년 3월 19일).
https://www.chosun.com/culture-life/culture_general/2024/03/19/Z2OKXKIXQBAWLGASEOF2R6ZM5Q/

5) 올림픽 참가 기념우표 태극기 (1948년 6월 1일 발행)

〈올림픽 참가 기념우표의 태극기〉[26]

　이 우표는 광복 후에 열린 제14회 런던 올림픽 대회 참가를 기념하기 위하여 1948년 6월 1일에 발행된 우표이다.
　우표 도안에 사용된 태극기를 보면 태극의 '양의(兩儀, 음양)'는 1948년 8월 1일에 발행된 '헌법공포 기념우표' 속의 태극기 '양의(兩儀)' 모양과 같지만, 4괘의 위치는 '헌법 공포 기념우표' 태극기와 달리 '감'과 '리' 두 괘의 위치가 바뀌어 있다.
　이 우표의 태극기는 '**총선거 기념우표 태극기**'와 같은 형태를 띠고 있다.

---

26) 출처: "행정안전부 국가기록원", '우표와 포스터'.

6) 헌법공포 기념우표 태극기 (1948년 8월 1일 발행)

〈헌법공포 기념우표의 태극기〉27)

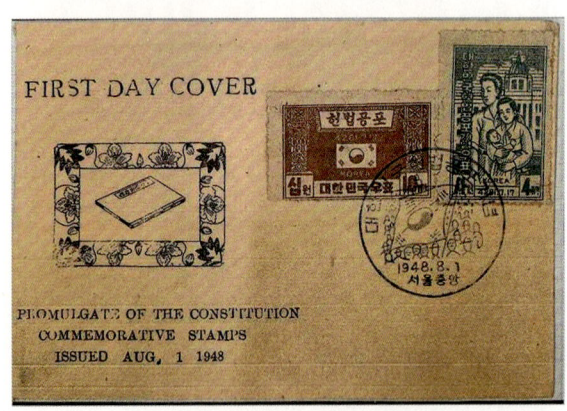

〈헌법공포 기념우표와 초일봉투〉28)

 이 우표는 총선거 후 구성된 제헌 국회에서 1948년 7월 17일 대통령 중심 세의 헌법을 공포함에 따라 이를 기념하기 위하여 그해 8월 1일 발행한 것이

---

27) 출처; "행정안전부 국가기록원", '우표와 포스터'.
28) "5·10 총선거와 헌법공포 기념… 5월엔 조선 우표, 8월엔 대한민국 우표로", 〈조선일보〉(인터넷판, 2024년 3월 19일).
https://www.chosun.com/culture-life/culture_general/2024/03/19/Z2OKXKIXQBAWLGASEOF2R6ZM5Q/

다. 이 우표의 도안에 사용한 태극기는 "총선거 기념우표의 태극기"와 달리 현행 태극기 4괘의 위치가 같다. 이는 정부 차원의 '태극기 제작 표준안'이 마련되기 전에 다양한 형태의 태극기가 제작되고 있었음을 보여주는 것이다.

또 하나 주목할 점은 우표의 명칭이 '조선우표'에서 '대한민국우표'로 바뀌었다는 것이다. 직전에 발행된 '총선거 기념우표'와 '올림픽 참가 기념우표'에서는 '조선우표'라고 표기했는데, '헌법공포 기념우표'부터 '대한민국우표'라고 표기하기 시작했다.

7) 독립 1주년 기념우표 태극 문양 (1949년 8월 25일 발행)

〈독립 1주년 기념우표〉[29]

이 우표는 1949년 '대한민국 정부수립' 1주년을 기념해서 8월 25일에 발행한 우표이다. 태극기 대신 태극 문양만 넣어서 제작했다.

---

29) 출처: "행정안전부 국가기록원", '우표와 포스터'.

8) UPU창설 75주년 기념우표 태극기 (1949년 10월 15일 발행)

〈독립 1주년 기념우표〉30)

　1874년 10월 9일, 스위스 베른에서 열린 '국제우편회의'에서 독일을 포함한 미국, 러시아 등 22개국이 모인 가운데 '일반우편연합(General Postal Union, GPU)'이 창설되었으며 1875년 조약이 발효되었다.
　이후 '일반우편연합'은 1878년 제2차 파리총회에서 '만국우편연합(Universal Postal Union, UPU)'으로 개칭하였고, 베른조약은 만국우편협약으로 계승되었다. 만국우편연합은 1948년 유엔의 전문기구(specialized agency)가 되었다.
　대한민국은 대한제국 시기인 1897년, 제5차 워싱턴 총회에 참석하여 가입 신청을 하고 1900년 1월 1일에 정식으로 만국우편연합의 회원국이 되었다. 그러나 국권침탈로 1910년에 회원 자격이 정지되었다가 해방 후 4년 뒤 1949년에 대한민국 체신부 이름으로 승계하였다.
　위의 우표는 '만국우편연합' 창설 75주년을 맞아 발행된 기념우표인데, 이 우표의 도안에 휘날리는 태극기를 도입했다. 태극 양의(兩儀, 음양)와 4괘에 색상을 입혔고, 4괘의 위치는 '헌법 공포 기념우표' 태극기와 달리 '감'과 '리' 두 괘의 위치가 바뀌어 있다.

---

30) 출처; "행정안전부 국가기록원", '우표와 포스터'.

9) 삼일절 기념우표와 제2회 총선거 기념우표 태극기

① 〈3·1절 기념우표〉　　　　② 〈제2회총선거 기념우표〉31)

① "3·1절 기념우표"는 1950년 3·1절을 기념해서 그해 3월 10일에 발행한 우표이다.

이 우표에는 태극기를 들고 만세를 부르는 남녀 학생의 그림을 삽입했다.

② "제2회 총선거 기념우표"는 1950년 5월 30일 치러진 국회의원 선거를 기념해서 발행한 우표이다(5월 30일 발행).

이 선거로 선출된 국회의원의 임기는 1950년 5월 31일부터 1954년 5월 30일까지였다.

---

31) 출처: "행정안전부 국가기록원", '우표와 포스터'.

이 우표에는 당시에 국회의사당으로 사용하던 '중앙청(옛 조선총독부 건물)' 정면에 태극기 도안을 배치했다. 태극 '양의(兩儀, 음양)'와 4괘의 위치는 현재의 태극기와 같지만, 4괘의 모양이 곡선 형태를 띠고 있다.

10) 국토통일 기념우표 태극기 (1950년 11월 20일 발행)

〈국토통일 기념우표〉32)

1950년 6월 25일에 한국전쟁이 발발하였다. 전쟁이 한창 벌어지고 있을 당시, 발행일자가 11월 20일인 "국토통일 기념우표(2종)"이 발행되었다.

100원 우표에는 백두산 천지에 휘날리는 태극기 그림을 삽입하여 전쟁에서 승리하여 통일을 이루고자 하는 열망을 담았다. 그리고 200원 우표에는 한국지도를 가운데 두고 좌우에 유엔기와 태극기 그림을 삽입했다. 태극 양의(兩儀, 음양)의 모양과 4괘의 위치가 현재의 태극기와 거의 같은 형태이다.

---

32) 출처; "행정안전부 국가기록원', '우표와 포스터'.

9. 대한민국 정부수립 경축식 (1948년 8월 15일)

〈대한민국 정부수립 국민축하식〉33)

우리나라 역사상 처음으로 보통·비밀 선거인 5·10 총선거가 남한에서 실시되어 '제헌 국회'가 구성되었다. 제헌 국회에서는 국호를 '대한민국(大韓民國)'으로 정하고, '대한민국 임시정부'의 독립 정신과 건국 이념을 계승한 민주 공화국 체제의 헌법을 제정하였다. 이어서 대통령으로 선출된 '이승만'은 대한민국 정부수립을 국내외에 선포하였다(1948년 8월 15일). 그리고 "대한민국 정부수립 국민축하식(大韓民國政府樹立國民祝賀式)"이 광화문에서 성대하게 열렸다.

이 광경을 촬영한 사진을 보면, 연단의 정면에 "대한민국 정부수립 국민축하식(大韓民國政府樹立國民祝賀式)"이라 적힌 대형 현수막 설치되었고, 그 아래에

---

33) 출처: "이승만 대통령, 대한민국 정부 수립 국민축하식 기념사", 〈국사편찬위원회〉(인터넷 누리집, 한국사 데이터베이스, 대한민국사연표)
https://db.history.go.kr/id/tcct_1948_08_15_0020

대형 태극기가 세로로 장식되어 있다. 그리고 현수막 바로 아래쪽에 '유엔기'(왼편)와 '태극기'(오른편)가 세로로 게양되어 있다. 그런데 중앙의 대형 태극기와 오른편에 게양된 태극기의 형태에 차이가 있는데, 태극 양의(兩儀, 음양)의 형태와 4괘의 위치가 다르게 배열되어 있다. 오른쪽 상단에는 "대한민국 임시정부"에서 주로 사용하던 태극기를 게양한 것으로 보이고, 중앙의 태극기는 '대한민국 정부수립'에 맞추어 다른 형태의 태극기를 제작한 것으로 보인다.

〈정부수립 국민축하식에 태극기를 들고 모이는 시민들〉

〈정부수립 국민축하식 현수막과 태극기가 걸린 서울시청〉[34]

---

34) 출처; "행정안전부 국가기록원", '우표와 포스터'.

P. 국기 제정위원회에서 제작한 태극기

1. 태극기 제작의 역사

일제강점기 이전에 제작된 태극기의 문양과 팔괘의 형태가 제각각인 것에 대하여 태극기 전문가들은 그 연유가 다음과 같다고 본다.

1882년(계미년) 국기를 공포할 당시에는 지금과 같이 태극기의 규격과 도식을 일정한 형태로 규정하지 않고, 다만 "'태극'을 가운데 두고, 네 귀퉁이에 '건 · 곤 · 감 · 이'의 4괘를 배치한다"는 것만 공포했던 것 같다.35)

만약 그 당시에 규격과 도식을 확실히 규정했다면 당시 국기의 통일성이 결여될 리 만무했을 것이기 때문이다. 계미년(1882년) 태극기 공포 이후 '경술국치(庚戌國恥, 1910년)' 때까지 28년 동안 사용해 온 국기는 국내에서 쓰인 것이나 외국에 소개된 것을 막론하고 과연 어느 것이 올바른 것인지조차 분간하기 어려운 상태이다.

태극기는 1910년 '경술국치' 이후 그나마도 자취를 감추었다가 이후 35년 만인 1945년 8 · 15 광복을 맞아 태극기를 다시 찾게 되었다. 그러나 국기의 도형은 여전히 통일성이 없어 여러 가지로 혼용되어 오다가, 1948년 대한민국 정부가 수립됨에 따라 비로소 국기의 도식(圖式)과 규격을 통일하게 되었다.

1949년 1월 4일, 이승만 대통령은 국기를 제정하라는 지시를 내렸고, 3일 후인 1월 7일 국무회의에서 국기를 제정할 위원회 구성을 의결하여, 이를 문교부에 위촉하였다. 이어 문교부는 각계에 위원 후보자 추천을 의뢰하여 2월 3일 '국기제정위원' 42인을 선정하였다. 이 위원회에서 결의하기를 태극기를 한국의 국기로 쓰되 도형의 잘못된 부분은 시정하여 통일하기로 결정하여, '국

---

35) 서병래, 『태극기(특별정훈교재)』(육군본부, 1966) 11.

기제정위원회'는 결국 '국기 시정(是正) 위원회'로 변모하게 되었다.

위원회에서는 당시 국내에서 사용하고 있는 각양각색의 태극기 모양 중 중요한 몇 가지를 골라 결국 '4개의 국기 도형'을 그 안으로 제출하여 역사적 또는 역리(易理)와 관계된 연구와 검토를 시작하였으나 각론이 구구하여 좀처럼 결론을 내리지 못하였다.

국기제정위원 42인36) 중에서 김홍관(金弘琯, 儒學강론 사장)·이병도·정인보 등 외에는 태극도형을 제대로 설명할 만한 한학자나 주역연구가가 눈에 띄지 않는다. 이것이 오늘날의 태극기 문양에 대한 이의를 갖게 되는 결과를 가져 오게 되었다.

1) 제1안 : 구(舊) 왕궁 소장 안

※ 구(舊)한말 조선왕조가 소장했던 것이라 주장하는 태극기

---

36) '백광하'의 책에 에 그 명단이 게재되어 있다. 백광하, 『태극기』 43.

2) 제2안 : 미(美) 군정(軍政) 문교부 안(案)

3) 제3안 : 우리 국기 보양회(普揚會) 안(案)

4) 제4안 : 이정혁(李晶赫) 위원이 건의한 안(案)

5) 제5안 : 독립문(獨立門) 안(案)

이와 같은 여러 가지의 태극기 도안에 대하여 위원마다 제각기 의견이 다르고 주장이 격렬하여 의견 일치가 쉽지 않았다. 그러자 동위원회에서는 이를 보다 전문적으로 연구하고 검토할 특별심사위원 12인을 구성하여 그들에게 그 연구를 위촉하였다. 당시 특별심사위원으로는 고희동(高羲東)·정인보·이병도·안재홍·이선근·김일수(金一秀)·최현배·이정렬(李定烈)·장발·노응도(魯應燾)·이규남 등이 선발되었다.

1949년 2월 23일에 열린 특별심사위원회는 국기보양회가 제출한 제3도안(현행 국기 도안임)을 통과시켜 채택하였다. 그런데 5일 후인 2월 28일 열린 제2회 위원 전체회의 때 갑자기 독립문에 있던 태극기 모형에 의거하여 초안했다는 제5도안이 배포되어 일대 혼란이 일어났다. 오랜 논란 끝에 표결에 붙인 결과 5일전에 채택되었던 제3도안은 부결되고, 제5도안이 통과되는 기현상이 일어났다.

그 후 3월 25일에 열린 제3회 위원 전체회의에서는 2월 28일에 결정된 제5안을 중심으로 한 논쟁이 주를 이루었다. 그 주요 논점은 제5도안은 ① 역리(易理)상으로 맞지 않으며, ② 이 제5안을 제출한 위원들이 지난번 회의에서는 제1, 제2, 또는 제4안 등을 주장했었는데 한두 달 사이에 갑자기 제5안을 들고 나온 것은 태극기에 대한 이론적 근거나 주장에 일관성이 없다는 점 등을 논박하였다.

이러한 오랜 논전 끝에, 결국 제5안은 표결로써 번복되어, 또다시 지난 2월 23일에 특별 심사위원회에서 결정했던 제3도안이 가결 채택되기에 이르렀다.[37]

같은 해 3월 26일에는 '국기봉'도 다시 규정키로 하고 이를 고희동·장발·이순석 화백에게 일임하니, 그때까지 써오던 연(蓮)꽃 봉오리를 버리고 무궁화 봉오리를 상징하는 것으로 하되, 그 빛깔은 국기 기면(旗面)의 빛과 조화되도

---

[37] 『국사대사전』(교육도서, 1988) 1533. : 『세계대백과사전(제19권)』 30.

록 금빛으로 하도록 결정하였다.

이러한 국기시정위원회 연구 결과 보고서는 문교부를 거쳐, 8월 9일 국무회의에서 이를 접수하는 동시에 문교부에서 고시(告示)로써 공포하여 전국에 시행시키는 행정조치를 취하도록 의결하였다. 이에 따라 1949년 10월 15일자 문교부 고시 제2호로써 이를 공포케 되었다.38)

2. 1949년 정부가 제정한 대한민국 태극기 (1949년 10월 15일 제정)

〈1949년 10월 15일부터 1997년 10월 14일까지 사용된 태극기〉

---

38) 『세계대백과사전(제19권)』 31. ; 白光河, 『太極旗』 42~47 참조.

3. 1997년 정부 제정 대한민국 태극기 (1997년 10월 25일 제정)

〈1997년 총무처 고시에 의해 제정된 태극기〉[39]

1997년 10월 25일, '총무처고시 제1997-61호'에 의해 다시 제정된 태극기를 현재까지 사용하고 있다.

당시 정부 '총무처'의 고시에 따라 태극의 색조가 수정되었다.

4. 북한의 '태극기' 사용

1945년 8월 15일 우리나라가 해방된 뒤에 북한의 김일성도 태극기를 애용했다. 김일성이 태극기 앞에서 연설하는 사진이 다수 존재하며 태극기와 함께

---

[39] 총무처고시 제1997-61호, "태극기표준색도지정."

찍은 사진도 있다. 심지어 태극기가 그려진 김일성 우표도 존재한다.
　이처럼 8·15해방 후 '북조선인민위원회'가 설립된 뒤에 한동안 태극기를 사용하다가, 1948년 7월 10일에 열린 '북조선인민회의 제5차 회의'에서 태극기를 내리고 인공기로 교체했다.

〈전당대회에서 태극기와 소련기를 배경으로 연설 중인 김일성〉40)

〈해방 후 '북조선인민위원회'에서 사용한 태극기〉41)

---

40) '구글'에서 가져옴. https://www.google.com/
41) 1946년 2월~1948년 7월 10일 전까지 사용하였다. 사진 출처;『위키백과』(인터넷판). https://ko.wikipedia.org/

Q. 바로 잡아 보려는 태극기 '도안', 몇 가지 '시안(試案)'

1. 백문섭(白紋燮)의 태극기

백문섭은 건국 직후 태극기를 제정하는 과정에서 역리(易理)에 어두운 이들이 세심한 검토 없이 결정하는 바람에, 괘(卦)의 위치는 위아래가 바뀌고, 중앙의 '태극도'도 청·홍(靑·紅)의 위치나 꼴이 바뀌었다고 지적한다.

따라서 아래와 같이 '元태극기'를 복원할 것을 주창하였다.[42]

'동지(冬至)에 일양(一陽)이 처음 생기기를[冬至一陽生之]' 자방자월(子方子月) 북쪽에서 시작하여 차츰 그 양(陽)이 커지면서 동쪽으로 돌아 남쪽 오방(午方)에 와서 완전히 다 커진다. 그리고 하지(夏至)에 일음(一陰)이 처음 생기기를 오방오월(午方午月) 남쪽에서 시작하여 차츰 그 음(陰)이 커지면서 서쪽으로 돌아 북쪽 자방(子方)에 와서 다 커져 일 년이 끝난다. 이렇게 다음 해가 다시 동지 일양으로 순환하는 것인데, 동쪽에 춘분과 서쪽에 추분은 양과 음이 절반쯤 커졌으므로 밤낮이 같게 되는 것이요, 동지에는 음이 다 커졌으므로 밤이 길고, 하지에는 양이 다 컸으므로 낮이 긴 것을 나타내기 때문에 이를 제대로 배치한 올바른 태극기로 개정해야 한다는 것이다.

이에 따라 백문섭은 청·홍색이 아래 위로 놓여 있는 양의(兩儀)를 홍색은 왼쪽, 청.색은 오른쪽에 오도록 양의를 바꾸어야 하되 바로 세워야 한다고 하였으며, 회전 운동은 왼쪽에서 오른쪽으로 움직이도록 되어야 한다고 하였다. 단, 4괘는 현행 태극기의 4괘의 위치와 같이 배열하였다. 백문섭이 제시한 태극기 그림을 보면 다음과 같다.

---

[42] 白紋燮, 『올바른 태극기 해설』 136~137, 154.

〈백문섭 제안 태극기〉43)

백문섭이 주장한 위 태극기의 양의(兩儀, 음양)는 김상섭의 개정 국기의 양의(兩儀)와는 달리 세로로 반듯하게 자리 잡고 있다.

2. 장경하(張炅夏)의 태극기

장경하는 현행 태극기의 '태극 원형'을 뒤집어 놓고 4괘의 배열도 다른 방식으로 배치한 태극기를 주장한다. 이에 대한 설명은 난해한 역술 이론에 근거한 것이므로 그 이해가 쉽지 않으나 그 해설을 이에 설명해 둔다.

---

43) 白紋燮, 『올바른 태극기 해설』의 책표지에서 가져옴.

현행의 태극은 S자형이고, 괘는 '건(乾, 南), 곤(坤, 북), 리(離, 동), 감(坎, 서)' 4괘를 배치한 것은 복희 괘도의 순서 방향대로 된 것이니, 건(乾)이 동남방으로 한 방위로 옮겨졌고, 이(離)가 동북방으로 옮겨지면서 곤(坤)과 감(坎)은 순차적으로 배열되었으니, 태극의 양인 붉은 색과 음인 푸른색이 동남방과 서북방에 배열되는 것이 마땅한 것이니, 건(乾)이 서남간(西南間)으로 물러서고, 곤(坤)이 동북방(東北方)으로 물러서는 것은 '복희팔괘도'의 1, 2, 3, 4 순서에 반대가 된다. 붉은색이 봄·여름에 해당한다면 봄의 처음인 인(寅)方 인(寅)月에서 양(陽)이 시작되니 동쪽의 처음인 동북간방(東北間方)에서 붉은색이 시작되어 여름이 남방(南方)에서 끝나게 되는 것으로 태극도형을 바꿔 놓았다.44)

〈장경하 제안 태극기〉45)

위의 태극기는 양의(陽儀, 홍색)가 위에, 음의(陰儀, 청색)가 아래에 반듯하게 놓여있으며, 4괘는 현행 태극기의 4괘의 위치와 모두 다르다.

---

44) 白紋燮, 『올바른 태극기 해설』 93.
45) 白紋燮, 『올바른 태극기 해설』 92쪽의 '흑백 태극기' 그림에 색을 입혔다.

3. 오재춘(吳在椿)의 태극음양도해(太極陰陽圖解)

오재춘은 태극 문양을 옆으로 뉘이지 않고 상하로 놓았으며, 왼쪽에 양(陽, 청색), 오른쪽을 음(陰, 홍색)으로 하고, 상유천(上有天) 하유지(下有地)를 바꾸어 놓았다.46)

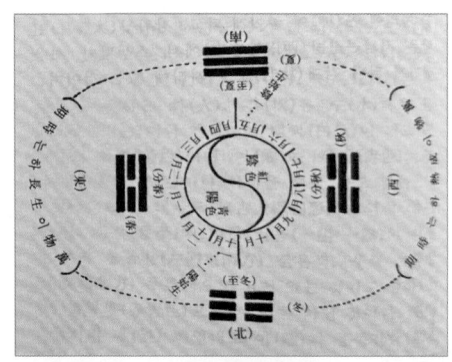

〈오재춘의 태극음양도해〉

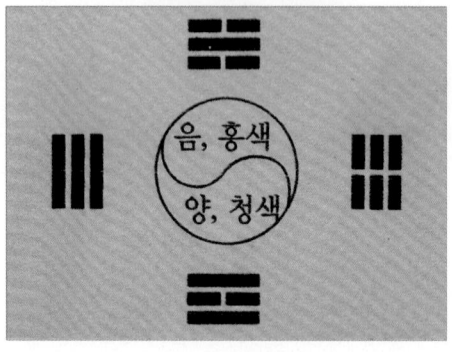

〈오재춘이 도해한 태극기〉

위의 태극기를 보면 음의(陰儀)는 홍색(紅色)으로 위에, 양의(陽儀)는 청색(靑色)

---

46) 白紋燮, 『올바른 태극기 해설』 97.

으로 아래에 반듯하게 놓여있다.

그런데 이런 식으로 음양 양의(兩儀)의 색을 표시한 예는 다른 태극기에서 찾아볼 수 없다. 이 밖에 4괘의 위치도 건·곤괘는 좌·우에, 리·감괘는 상·하에 놓여있다.

4. 전세룡의 태극기

전세룡[47]은 현행 태극기가 잘못 그려져 있다고 다음과 같이 지적하며, 나름대로 새 도형을 제시하였다.[48]

① 음양(陰陽)의 반달이 누워 있는 것이 원리에 맞지 않다.

음양 반달의 작은 부분은 시작을, 둥글고 큰 부분은 완숙을 뜻하는데, 음양은 작게 시작하여 점차 자라며 커져서 완성되면 양에서 음이, 음에서 양이 생겨난다. 절기에 비유하면 적색의 작은 부분은 동지, 큰 부분은 하지요, 청색의 작은 부분은 하지, 큰 부분은 동지가 된다. 동지(冬至)에 일양생지(一陽生之)다. 양은 아래서 위로 오르고, 음은 위에서 아래로 내려가니, 낮에 하늘로 올라간 수증기는 밤이면 내려와 풀잎에 이슬이 맺히며, 이런 이치로 초목은 위로 자라고 다 자라면 윗부분의 잎부터 점차 말라 떨어진다.

그러므로 붉은 색의 양(陽) 반달은 원의 왼쪽에서, 작은 부분은 아래 '자(子) 방위'에 위치해야 하고 큰 부분은 위 '오(午) 방위'에 위치해야 맞다. 반면 청색의 '음(陰) 반달'은 원의 오른쪽에서, 작은 부분은 위 '오(午) 방위'에 위치해야 하고, 큰 부분은 아래 '자(子) 방위'에 위치해야 맞는다.

② 사상 팔괘는 '문왕 후천팔괘 배열도'를 그려 넣어야 제격이다.

---

[47] 전세룡은 1918년 함북 명천 출신의 서예가이다. 20대부터 주역 등 동양철학 연구했으며, 진보당 사건으로 투옥되었다. 현 백산민족연구소장.
[48] 전세룡, '태극기 이렇게 바로 세우자'『신동아』(2001년 8월호), 530쪽 참조.

③ 태극기보다 '음양기(陰陽旗)'로 불러야 한다.
④ '음(陰) 달'과 '양(陽) 달'의 색깔도 백색의 천에 그릴 때는 '음양(陰陽) 달'은 적(赤)과 청(靑)으로, 푸른 천에는 백(白)과 흑(黑)으로 그리는 것이 좋다.
⑤ 횡으로 누운 반달을 바로 세우는 것이 원리에 맞다는 점 등을 주장한다.

〈전세룡 제안 태극기〉[49]

---

[49] 전세룡, '태극기 이렇게 바로 세우자' 『신동아』(2001년 8월호).

5. 구필회가 주장하는 원(元) 태극기

구필회는 태극기를 바꾸어야 하는 이유로 현행 태극기는 역리에 맞지 않고, 태극. 4괘의 배열이 잘못이라고 하고 독립문에 새겨진 태극기대로 복원되어야 한다고 주장하였다. 하지만 그가 제시한 독립문 태극기를 보면 태극 양의(兩儀, 음양)에는 점이 있는 것에 비해 구필회가 제시한 태극기 그림에는 점이 없다.

〈구필회 제안, 복원되어야 할 元태극기〉50)

〈독립문 태극기〉

---

50) 구필회, 『태극기와 민족정기』(과천: 태극기광복추진위원회, 1990) 표지그림.

6. '문왕 후천 팔괘 방위도(文王 后天 八卦 方位圖)'

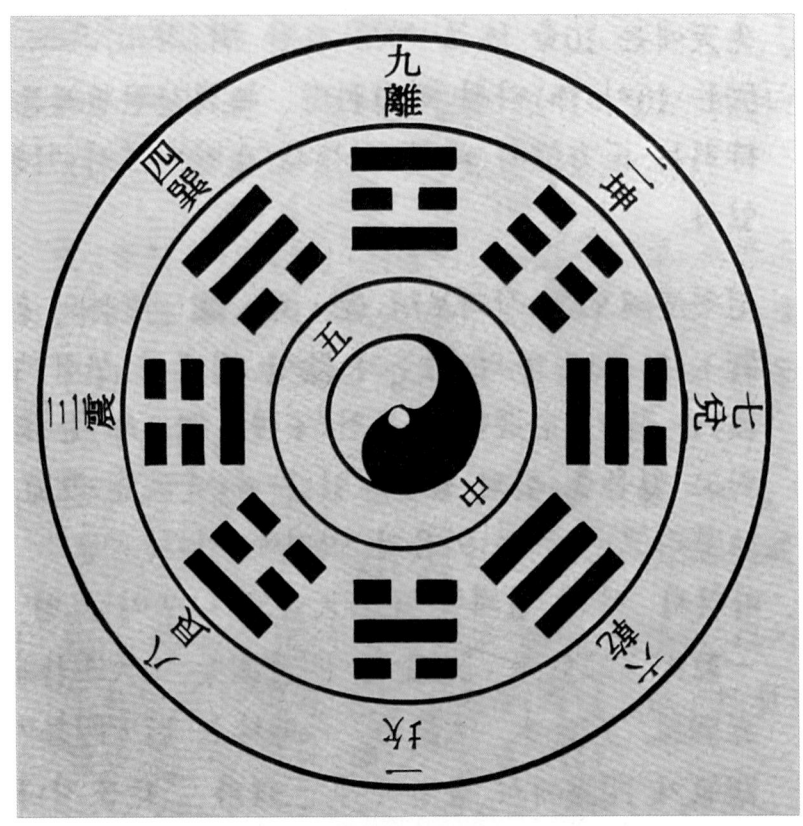

〈문왕 후천 팔괘 방위도〉51)

---

51) 重山학회, 『周易과 세계』(서울; 東信출판사, 1988) 82.

R. 태극기의 뜻

어느 나라를 막론하고 국가를 형성되려면, 첫째, 영토가 있어야 하고, 둘째, 국민이 있어야 하고, 셋째, 정부가 있어야 한다.

이에 근거하여 ① 태극기의 '흰 바탕'은 영토를 나타낸다.

② 태극(太極)은 국민을 나타낸다고 설명한다. 태극의 능동적이고, 자발적인 성격과 같이 국민은 국가 형성의 모체가 되고, 자율적인 권력과 의타심이 없이 자주적 국민임을 나타내는 것이다.

③ 사괘(四卦)는 춘하추동, 동서남북 등, 주역(周易) 팔괘(八卦)의 뜻을 가졌기 때문에 정부의 기능과 역할을 나타내는 뜻이 있다.[52]

1. 흰 바탕

태극기의 '흰 바탕'은 주역으로 풀이 하면, 태극의 근원인 '무극이태극(無極而太極)'의 '무극(無極)'을 나타낸 것으로서 이는 영토를 상징한다.

흰빛은 모든 빛의 바탕색이 되고, 모든 빛의 종합적인 빛이기도 하며, 또 오색의 근본이니, 의미상으로 풀이하면 불생불멸(不生不滅), 영구불변(永久不變)의 기백(氣魄)을 가진 백의(白衣)민족을 나타내는 뜻으로 사용했다.[53]

여기서 '흰 바탕'은 영토를 상징하며, 또한 청결과 평화를 사랑하는 민족성을 나타내고 있다.

---

52) 『세계대백과사전(제19권)』 29.
53) 白紋燮, 『올바른 태극기 해설』 43.

2. 태극기에는 청(靑)·황(黃)·적(赤)·백(白)·흑(黑) 5색이 있다.

태극기에는 '청(靑)·황(黃)·적(赤)·백(白)·흑(黑)'의 다섯 가지 색이 있다.
바탕은 흰색(白色), 태극은 붉은색(赤色)과 푸른색(靑色), 괘(卦)는 검은색(黑色), 깃봉은 황색(黃色)이다.
이는 '목(木)·화(火)·토(土)·금(金)·수(水)'의 오행상생(五行上生)을 나타낸다.

3. '태극(太極, ☯)'이란?

태극기의 '태극'은 주역(周易)에서 나온 말로써, 우주 삼라만상을 구성하고 있는 물질과 물체의 근본이 되는 그 소원(素原)을 나타낸다.
태극은 우주 본질인 하나의 절대적인 원기(元氣)로서 이것이 움직일 때에는 양(陽)과 음(陰)의 상호작용에 의하여 만물이 나타나는 것이니, 즉 태극의 엉키고(凝) 모이고(聚) 소멸되고(消) 흩어짐(散)에 의해 만물이 생성(生成)하고 소멸(消滅)된다는 뜻이다.

1) 『주역』·「계사상전(繫辭上傳)」의 태극 원리. 복희팔괘도
『주역(周易)』·「계사상전(繫辭上傳)」에[54] "역(易)에 태극이 있으니, 태극이 음양(陰陽) 양의(兩儀)를 낳고, 양의가 사상(四象)을 낳고, 사상이 8괘(八卦)를 낳는다〔易有太極 是生兩儀 兩儀生四象 四象生八卦〕"고 했다.
이 8괘가 거듭해서 64괘(卦)를 이루니, 이것이 바로 『주역』의 '64괘'이다.

---

54) 朱熹, 『周易本義(印影本)』(北京, 1990) 23.

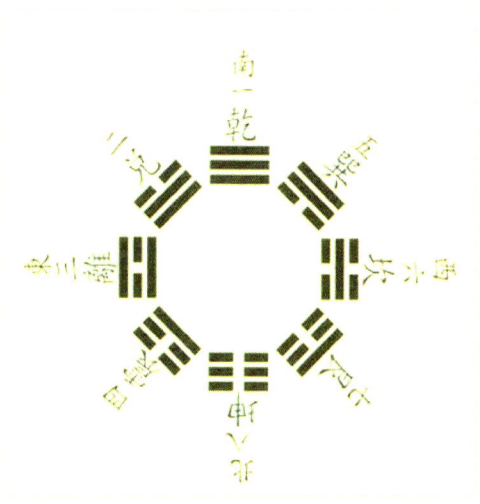

〈복희팔괘도〉55)

태극에는 만물을 포함한다는 공간적인 뜻과, 태초부터 궁극(窮極)의 끝까지 이르는 시간적 뜻이 있다.

① **태극은 하늘과 땅이다.**

태극은 매크로코즘(macrocosm) 즉 '거대 우주'다. 이 거대한 패턴은 미세한 것으로 수렴되며 미세한 패턴은 다시 거대한 것으로 발산된다. 그러므로 매크로(macro)한 곳에 마이크로(micro)함이 있고, 동시에 '마이크로'한 그 속에 '매크로'함이 있어 이 둘은 분리되거나 모순되지 않는 변화와 조화의 두 축이다. 그 축은 또한 어둠(달)과 밝음(해)이다.

---

55) "나무위키"(인터넷판)에서 가져옴. https://namu.wiki/w/%ED%8C%94%EA%B4%98

② 태극은 음양(陰陽)이다.

음과 양이 만나지 않으면 생성(창조)의 덕을 이룰 수 없다. 천지는 끊임없이 생생불이(生生不已)하며 만물을 낳아 기른다.

③ 태극은 여자와 남자의 상징이다.

『주역』은 "남자는 하늘(乾)이고 여자는 땅(坤)이니 남자는 씩씩하여 강(剛)하며 여자는 부드러워 유(柔)하다"고 말한다.

그런데 땅은 자신의 기운을 하늘로 올리고 하늘이 자신의 기운을 땅으로 내려56) 천지가 서로 자리를 바꾸어 만날 때57) 땅 위의 모든 것들이 형상을 갖추나니58) 남녀가 그러하고 만물 또한 그러하다고 본다.

4. 주렴계(周濂溪)의 '태극도설(太極圖說)'

주역의 '태극' 사상을 송(宋)나라 주렴계(周濂溪, 1017-1073)는 『태극도설』에서 "무극이태극(無極而太極)"으로 설명했다.59) 이는 태극 이전에 '무극(無極)'이 있음을 강조했다기보다는 '무극이 태극의 모체임'을 말한 것이다.

태극을 공간적인 면에서 고찰하면, "극이 없는 것이 태극"이고,60) 한편, 태극을 시간적인 방면에서 살펴보면 "숨을 들이쉬고 내쉬는 잠깐 사이와 움직이고 멈추는 짧은 사이에, '괘(卦)·상(象)·효(爻)'의 뜻이 모두 들어 있음이 태극이라" 했다.61)

---

56) 『周易』·「坤卦」, "雲行雨施"
57) 『周易』·「泰卦」, "天地交泰"
58) 『周易』·건괘, "品物流形"
59) 『古文眞寶 大全』(서울: 보경문화사, 1986) 220.
60) 주렴계, 『태극도설』, "無極而太極"
61) 易序, 暫於瞬息과 微於動靜에 莫不有卦之象焉하며 莫不有爻之義焉이라.

태극은 공간성과 시간성을 모두 포함하고 있다. 주렴계의 태극도는 그의 창작물이 아니라 송나라 진단(陳摶)의 '무극도(無極圖)'를 참조한 이론이다.

주렴계의 태극도는 태극이 음양을 생하고 음양이 오행을 생한다고 말했지만, 『주역』·「계사전」에서는 "태극이 양의를 생하고 양의가 사상을, 사상이 팔괘를 생한다"고 하여 『주역』의 「계사전」 이론과는 다소 차이가 있다.

우리나라 태극기는 바로 계사전의 이 구절을 그림으로 나타낸 것이다. 계사전에는 '오행(五行)' 관념이 없다. 그래서 따라서 주렴계의 태극도는 우리나라 태극기 그림과는 관련이 없다.[62]

주렴계의 무극은 형체가 없는 무형(無形)적인 것으로 설명하고 있지만, 우리나라의 태극은 '원리가 있는(有理)' 유일 최고의 실체로 설명한다.

5. 양의(兩儀, 음양陰陽)

양의(兩儀)는 두 가지 양태를 뜻하는 것인데, 애초의 양의(陽儀, ─)는 남성(男性)의 상징을, 음의(陰儀, --)는 여성(女性)을 나타낸 것에서 유래했다.

태극에서의 양의(兩儀)는 태극이 한 번은 양이 되고(變) 한 번은 음이 되는(化) 시간성과, 태극이 음양으로 나뉘었다는 공간성을 나타내는 뜻이 된다. 즉 '양의'는 태극의 양과 음의 두 가지 양태로써 실제적인 운동을 하니 양(陽)의 '가볍고 맑은(輕淸)' 기운이 위로 올라가 하늘의 체(體)를 이루고, '무겁고 탁한(重濁)' 음(陰)의 기운이 안으로 엉켜 땅의 형(形)을 갖추어 천지가 창조되며, 음이 변해 양이 되고 양이 화(化)해 음이 되는 순환 과정을 통해 우주 삼라만상이 생성소멸 되며, 낮과 밤, 나아가서 사시사철이 이루어지고, 우주의 '생육화성'의 원리를 나타내고 있다.

---

[62] 김상섭, 『태극기의 정체』(서울: 동아시아, 2001) 43.

이와 같이 '태극' 문양은 주역과 태극도설의 원리에 근거하여 다음과 같은 뜻을 나타내는 표시가 되었다. ① 창조. ② 발전. ③ 자유. ④ 평등. ⑤ 무궁의 뜻이 있다.63)

6. 팔괘(八卦)

태극이 양의(兩儀)로, 양의는 4상(四象)으로, 4상은 8괘로 발전하여 성립되었다. 8괘는 건(乾, ☰ 하늘), 태(兌, ☱ 못), 리(離, ☲ 불), 진(震, ☳ 우뢰), 손(巽, ☴ 바람), 감(坎, ☵ 물), 간(艮, ☶ 산), 곤(坤, ☷ 땅)으로 표징한다.

우리나라 국기인 태극기는 본래 중국의 흑백 태극무늬에 채색을 하고, 거기에 복희 8괘 중에서 '건·곤·리·감(乾·坤·離·坎)' 4괘만을 추려서 4개의 괘상을 그려 넣고 '태극기'라고 부르고 있다.

그런데 상당수의 주역(周易) 연구가들은 현재 우리의 태극기 모형은 팔괘의 원리와 맞지 않는 오류가 있다고 판단한다.

애초에는 태극기에 '8괘'를 모두 그렸었다. 역(易)의 괘에는 도형상으로 볼 때 '☰ ☷ ☵ ☲'와 같이 앞뒤로 뒤집어 놓으나 바로 놓으나 그 형태에 변동이 없는 '정괘'가 있고, 또 '☱ ☶ ☴ ☳'와 같이 괘를 앞뒤로 뒤집어 놓으면 형태가 달라지는 부정괘가 있다. 태극기에는 '정괘'만 골라서 네 귀퉁이에 배치했다.64)

---

63) 서병래, 『태극기 특별정훈 교재』 24-25.
64) 서병래, 『태극기 특별정훈 교재』 23.

7. 건(乾)·곤(坤)·감(坎)·리(離), 4괘는 무슨 뜻인가?

　태극기에는 소성괘(小成卦) 중 4개의 괘만을 그려 넣었다. 소성괘로 된 8괘를 서로 두 개씩 합쳐서 대성괘(大成卦)를 만든 것이 주역의 64괘다.
　태극기의 4괘는 복희 8괘의 동서남북 4정방(正方)의 괘만을 뽑아서 기폭(旗幅)의 좌우상하로 놓는 것이 바른 배치법이지만 괘의 배열이 기폭의 조화를 이루지 못한 까닭에 원래의 위치에서 한 방위씩을 틀어 놓았다. 남쪽 건괘(乾卦, ☰)는 동남쪽으로, 동쪽 리괘(離卦,☲)는 동북쪽으로, 북쪽의 곤괘(坤卦, ☷)는 서북쪽으로, 서쪽의 감괘(坎卦, ☵)는 서남쪽으로 한 방위씩 밀려 놓았다.[65]
　4괘는 물체의 형상이 천(天)·지(地)·수(水)·화(火)인데 불은 뜨거운 태양인 해이고, 물은 차가운 태음인 달이다.
　천지일월의 대표적인 4괘만을 선택한 것인데 괘의 배치로서 건괘는 남쪽이 위(上)이고, 곤괘는 북쪽으로 아래(下)이며,[66] 리괘(離卦)는 동쪽으로 좌측이요, 감괘(坎卦)는 서쪽으로 우측인데, 이 방위는 동(東) 반구와 서(西) 반구가 밤낮으로 바뀌는 것과 일반으로 모든 것이 반대이니, 서양지리학의 방위는 반대로서 동양사상인 주역의 이론상의 방위는 현대 지도상의 방위를 반대 방위에서 이해해야 한다.[67]

　① 건괘(乾卦)는 세 효(爻)가 모두 양(陽)이므로 지극히 강건하고 광명하며 건조하다. 따라서 천(天), 부(父), 강건(健), 말(馬), 머리(首)와 오행 중 양금(陽金)을 나타낸다.

---

65) 白紋燮, 『올바른 태극기 해설』 132.
66) 이러한 남북의 배치는 서양지리학에서 설정한 '북남동서'의 구조와 전혀 반대되는 배치다. 그것은 하늘 궁전인 자미원의 북극성을 중심으로 하여 중국의 천자가 그 위치를 그대로 계승하고 있다는 고대 동양 천문학의 개념이다. 그래서 북쪽에서 남쪽으로 바라보는 '남면(南面)'사상에서 기인한 지리적 배치 개념이다.
67) 白紋燮, 『올바른 태극기 해설』 133.

『주역』·「건괘」에 "천행건(天行健) 자강불식(自彊不息)"이란 말이 있다. "하늘도 힘차게 일하고 있으니, 모두가 쉬지 말고 힘써 일하자"는 뜻이다.68)

② 곤괘(坤卦)는 세 효(爻) 모두 음(陰)이므로 지극히 유순하고 광활하며 습하다. 따라서 땅(地), 모(母), 유순(順), 우(牛), 배(腹)와 오행 중 음토(陰土)가 이에 속한다.69) 또한「곤괘」에는 "지세곤(地勢坤) 후덕재물(厚德載物)"이라 했다. "땅이 두텁게 만물을 싣고 있듯이 널리 받아들이라"는 뜻이다.70)

③ 감괘(坎卦)는 일양(一陽)이 이음(二陰) 사이에 빠져 험난함을 뜻한다. 양(陽)이 비록 음(陰) 사이에 빠져 있으나 중심이 건실하고 '내명외암(內明外暗)' 곧 '안쪽은 밝고, 바깥쪽은 어두운' 상이므로 물(水)로써 그 상을 대표한다. 따라서 물(水), 중남(中男), 함(陷), 돼지, 귀(耳)와 오행 중 수(水)가 이에 해당한다.
「감괘」에는 "수습감(水習坎) 행덕습교(行德習敎)"를 말했다. "물이 깨끗이 씻어주듯이 깨끗한 사회를 만들자"는 뜻이다.71)

④ 리괘(離卦)는 일음(一陰)이 이양(二陽) 사이에 걸려 '외명내암(外明內暗)'하므로 불이 환히 비취는 상이다. 따라서 불(火), 중녀(中女), 려(麗), 꿩(雉), 눈(目)과 오행 중 화(火)를 상징하는 것이다. 또한 4괘는 정의, 광명, 풍요와 지혜를 나타낸다. 「리괘」에는 "명작리(明作離) 조우사방(照于四方)"이란 말이 있다. "널리 밝게 비추라"는 뜻이다.72)

태극기에서 4괘를 배치한 것은 하늘같이 높은 의(義), 땅처럼 두터운 포용, 물처럼 깨끗한 지혜, 불처럼 무성한 예절을 나타냈다.73)

---

68) 민족문화봉찬회,『국기해설문』(안양; 삼우문화사, 1985) 29.
69) 重山학회,『周易과 세계』49.
70) 민족문화봉찬회,『국기해설문』29.
71) 민족문화봉찬회,『국기해설문』29.
72) 민족문화봉찬회,『국기해설문』29.

8. 기독교(그리스도교)와 태극기

1) '솔내교회'의 국기 계양대

한국 최초의 자생교회인 황해도 솔내교회는 1886년에 기와집으로 새 예배당을 건축했다. 솔내교회 마당에는 높이 20여 미터에 달하는 국기계양대를 세우고 주일에는 태극기를 계양했다.

1898년 「국제선교지」에 실린 내용은 이렇다.

"주일이면 그들의 국기인 태극기를 집집마다 다는 것은 한국 기독교인들의 관례입니다. 그들의 국기는 그들의 교회당에 드높이 계양하고 있는 것이 보입니다. 그들은 경건한 신앙과 애국심이 이와 같이 시위되고 있습니다"라고 보고했다.[74]

2) 강화 교항동교회 성탄절(1898년 성탄) 경축

감리교회의 첫 선교사인 아펜젤러 목사가 편집한 〈대한 크리스도인회보〉에는 '강화 교항동교회 성탄절(1898년 성탄) 경축' 기사가 게재되었다.

그 기사의 내용은 이렇다. "성탄절 경축에 형제가 35인이요 자매 37인이 본토(강화도) 전도 선생 김상임 씨가 마태복음 2장 1절로 12절까지 보고, 애찬대를 베풀매 저녁예배에 태극등 37개를 달고 형제자매와 외인까지 67명이 기쁜 마음으로 하나님의 영광을 찬송하였다"[75]

태극기가 솔내교회 앞마당에 국기계양대를 세운 것이 1886년이고, 박영효가 일본 수신사로 가면서 처음으로 태극기를 사용한 것은 1882년 9월이었다. 따라서 불과 4년 만에 솔내교회와 교인들이 국기 계양대를 세워 태극기를 게

---

73) 민족문화봉찬회, 『국기해설문』 28.
74) 민경배, '한국교회, 태극기를 하늘 높이', 〈기독교연합신문〉(2020년 12월 20일).
75) 〈대한 크리스도인회보〉(1899년 1월 4일).

양했고, 강화 교항동 교우들은 성탄경축 '태극등' 37개를 달았다.

이처럼 한국교회는 전래 초기부터 십자기와 태극기를 당당하게 게양하였다.

3) 만주 '명동마을'의 '기와 태극기'

〈만주 명동마을의 '기와' 태극기〉

'태극 문양'과 '십자가'가 부담 없이 어울린 특이한 만주 명동마을의 태극 문양이다. 기와에도 태극문양을 새겨 넣은 명동마을 기독교인들의 태극기 사랑을 잘 보여주는 증거이다.

4) 성서공회(聖書公會) 단력(單曆) 태극기

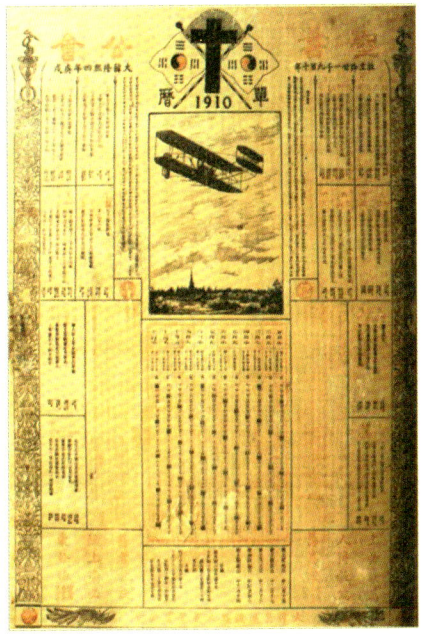

〈'대영성서공회'에서 발행한 단력(單曆)〉76)

'성서공회'는 성경 이외에도 전도의 한 방편으로 달력을 인쇄하여 배포하였다. 1910년 '대영성서공회'에서 발행한 달력에는77) 중앙 상단에 십자가와 태극기 문양이 자리하고 있다. 이는 한말 그리스도교인의 '애국사상'과 '민족의식'을 표현한 실례이다.

---

76) 이인수 외 교정, 『한국기독교역사박물관』(서울: 한국기독교역사박물관, 2019) 124.
   http://www.kchmuseum.org/coding/sub2/sub3.asp?mode=view&aseq=9
77) 이 달력에서 주목될 점은 달력의 중앙 상단에 십자가와 태극기 문양이 자리하고 있다는 것이다. 십자가와 태극기는 구한말 그리스도인들의 '애국사상'과 '민족의식'을 반영한 것인데, 이 달력을 사용하였던 1910년은 우리나라가 일본에 강제 합병되었던 해였으므로 달력에 태극기가 마지막으로 들어간 달력이다. 이 달력은 현존하는 한국의 달력 중에서 제일 오래된 것으로 추정된다.

5. 결어

이상에서 살펴본 바와 같이 태극기의 모양에 대한 주장이 대단히 복잡하여 주역의 고수들의 주장도 그 설이 가지각색이다. 그 내용을 종합하여 요약하면 이렇다.

① 태극도의 모양이 옆으로 그려져서는 안 되고 상하로 그려져야 한다는 주장이 있다.

② 음양의 그림이 잘못 그려져 있다는 주장도 있다.
태극도는 음(陰) 부분에도 양(陽)이 내재되어 있고, 양(陽) 부분에도 음(陰)이 내재되어 있는 것이어서, 음(陰)의 원(元)은 양(陽)이며, 양(陽)의 원(元)은 음(陰)이다. 따라서 원(元) 태극도 대로 하자면 음(陽)이 양(陽)을 감싸고〔음포양(陰抱陽)〕, 양(陽)이 음(陽)을 감싸는〔양포음(陽抱陰)〕형태로 그려야 한다. 그런데 현행 태극도는 그렇게 그려져 있지 않다.

③ 태극기의 '건·곤·감·리' 4괘도 그 배치의 방향이 틀리면 본말이 뒤바뀐 격이다. 그런데 태극기의 '태극 형상'은 '천지비괘(天地否卦)'의 상(象)을 그대로 그린 것이므로 이것은 바로 주역의 "천지불교이만물불통야(天地不交而萬物不通也)요 상하불교인천하무방쟈이상(上下不交而天下无邦也之象)"이니, 국기가 지니는 상징적 측면에서 볼 때 언뜻 수용할 수 없다.[78]

④ 태극 문양의 진행하는 방향도 혹은 '역(逆)'으로 그린 도형도 있으나, 그

---

78) 구필회, 『태극기와 민족정기』 119.

진행 방향이 시계바늘의 진행 방향과 일치하는 것이 천지의 자연이치인데 그 역방향으로 되어 있는 것은 맞지 않다.

⑤ 그 밖에도 4괘만을 그리는 것은 8괘의 원리를 모르는 일이므로 8괘를 다 그려야 제격이라는 주장도 있다.

따라서 태극기의 문양은 치밀한 주역 이론의 근거에 의해서 자연 순리를 따라서 정립해야 한다.

⑥ 주역계의 태두 대산(大山) 김석진(金碩鎭) 선생은 현행 태극기의 역학적인 문제를 지적하면서, '복희 8괘의 원리를 따라 건(乾)·곤(坤)·감(坎)·리(離)가 정방(正方)에 와야 할 뿐만 아니라, 태극 반원(半圓)도 동서(東西)로 그려져야 하고, 그 중앙에 태극(太極)의 씨앗(ㅇ) 있어야 천·지·인(天地人) 3재(三才)가 모두 바른 자리에 배치되는 것'이라고 주장하였다.79)

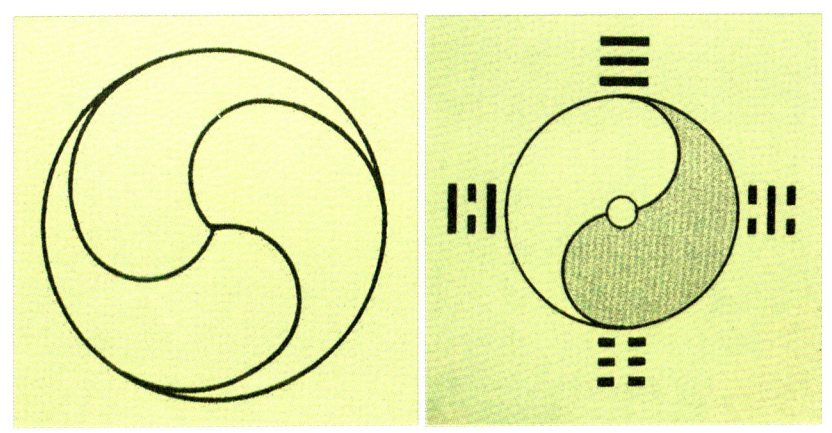

〈'삼태극도(三太極圖)'(왼쪽)와 '씨앗이 있는 태극 반원'(오른쪽)〉

---

79) 重山학회, 『周易과 세계』 209.

다른 한편으로는 태극기의 세계관에 관한 적극적인 해석의 문제다.

태극기의 세계관은 주역의 이론에 근거하고 있다. 따라서 주역을 공부한 전문가가 아니면 태극기의 뜻을 제대로 알 수 없다. 게다가 우리의 태극기에는 우리 민족의 특성을 나타내는 어떠한 내용도 들어 있지 않다.

태극기는 '복희팔괘 방위도' → '고(古) 태극도' → '태극기 그림'으로 발전된 것이어서 우리 민족을 상징하는 '국기(國旗)'로서의 사상을 표현하는데 미흡한 점이 없지 않다. 더욱이 우리나라 국기가 태극기 모양으로 그려지게 된 직접적인 원인은 1882년 중국 사신 마건충(馬建忠)이 명나라 초기부터 중국에서 민간에 유행하던 '고태극도'의 문양을 우리나라 국기로 제안한 일과 『통상장정안휘편(通商章程案彙編)』(1886년) '태극기'를 소개하면서 **청나라 속국인 고려국기(大淸屬國 高麗國旗)**'라고 명시한 것으로 볼 때, '모화사대사상(慕華事大思想)'의 산물이라 하겠다.

따라서 구태여 앞으로 태극기를 새로 제정할 경우에는 '음양 2태극'이 아닌, 우리 고유의 '삼태극(三太極)' 문양을 도입할 것을 제안한다.

실례로, 만주 용정 명동마을의 '막새기와'[80]는 장재촌의 논바닥에 움막을 치고 기와공장을 차려놓고 구운 기와에는 중앙에는 '삼태극 문양'이 있다. 삼태극의 둘레에는 주역 8괘(卦) 중 '리(離)·태(兌)·감(坎)·진(震)' 4괘가 그려져 있다. 위쪽 양쪽, 즉 '리(離)와 감(坎)' 사이에 십자가 문양, 그리고 '리(離)와 진(震)' 사이에 십자가 문양을 새겨 놓았다. 그리고 아래 양쪽에는 '무궁화' 문양이 있다. 이는 만주의 독립운동가 '김약연(金躍淵) 목사'의 영향인 듯하다. 김약연은 『논어』와 『맹자』를 '1만 독(讀)'하고, 김하규는 『주역』을 '1만 독(讀)'한 뒤에 그리스도교(기독교)에 입문한 한학자 출신 독립운동가이다.[81] 김약연은 시인 '윤동주'의 외숙이다.

---

80) 이 기와의 제작연대는 미상이나, 용정의 '서전서숙'의 설립 연도가 1906년이었으니, 그 이후에 제작된 것으로 보인다.
81) 오세도·오세종, 『만주 감리교회사』(서울: 삼필문화사, 1997) 127.

이뿐만 아니라, 1900년 파리박람회에 게양되었던 '태극기'(앞에서 기술)의 4괘 배치는 중앙 상단에 '감(坎) 괘'를 놓고 시계방향으로 '곤(坤) 괘', 하단에 '리(離) 괘', 왼쪽에 '건(乾) 괘'를 배치하여 '4괘'를 십자가 형태로 배치하였다. 또, 「하와이 대한부인구제회 증서」(1921년)에는 중앙 상단에 '건(乾) 괘'를 배치하고, 시계방향으로 '감(坎) 괘'→ 중앙 하단에 '곤(坤) 괘'→ '리(離) 괘'를 배치하여 4괘를 십자가 형태로 배치한 것이 특이하게 눈에 들어왔다.

〈'삼태극(三太極)' 문양〉82)

'민족문화 봉찬회'의 『국기 해설문』에는 가운데 둥근 원안의 음양을 나타내는 청(靑)과 홍(紅)의 곡선으로 된 모양이 '에스(S) 자'인 태극 문양인데, 이를 두 개 겹쳐 놓으면 불교의 '만(卍)'자를 뒤집어 놓은 모양인,83) 스와스티카(swastika)84) 곧 십자가의 한 모양이 된다.

---

82) 『위키백과』(인터넷판)에서 가져옴.
  https://ko.wikipedia.org/wiki/%EC%82%BC%ED%83%9C%EA%B7%B9
83) 민족문화봉찬회, 『국기해설문』 26, 30.

감마형 십자가에는 오른쪽으로 구부러진 'swastika' 문양도 있고, 또 불교의 표시인 왼쪽으로 구부러진 형태의 'sauvastika'가 있는데, 두 가지를 모두 사용해 왔다. 이 감마형 십자가는 길조(吉兆), 기원, 축복의 상징이며, 생명과 안녕 번영의 상징이다.85) 이 '3태극'에는 고래(古來)의 유(儒)·불(佛)·선(仙) 세 사상과 근래의 기독교, 불교, 유교의 상징을 모두 포용하고 있다.86)

〈청와대 영빈관 대회의실 내부의 '삼태극(三太極)' 문양 장식〉

---

84) 이런 문양의 십자가는 오른쪽에서 네 개의 '감마 字'로 볼 수 있다는 데에서 '감마형 십자가'라고도 부르고, 불교를 상징하는 '만(卍) 자'와 비슷하다고 하여 (실은 卍자를 뒤집어 놓은 형태) '만자형 십자가'로도 불린다. 이 감마형 십자가는 고대에 전 세계에서 등변 십자가 다음으로 가장 널리 쓰인 형태의 십자가다. 이 십자가는 Hissarlik의 제2도시, 또는 키프로스, 아테네의 도자기에도 흔하게 발견되는 십자가 문양이다. 이 십자가는 페르시아의 아르테미스 신전에서도 발굴되었고, 북부 이탈리아의 Terramares에서도 출토되고, '갈리아족'뿐만 아니라 게르만 민족과 스칸디나비아 민족들의 보석과 무기에서도 나타난다. 오른쪽으로 구부러진 모양은 'swastika'라 부르고, 왼쪽으로 구부러진 모양의 것은 'sauvastika'라고 부른다. 『기독교대백과사전(제10권)』(서울: 기독교문사, 1983) 704.
85) 『기독교대백과사전(제10권)』, 704.
86) 민족문화봉찬회, 『국기해설문』 30.

한편 '청와대' 영빈관 대접견실 내부에는 '태극기'와 '봉황기'가 세워진 곳의 벽면 중앙에 '봉황 문양'과 함께 양쪽으로 각각 3개씩 '대형 3태극 문양'이 장식되어 있다.

'무극이 힘'이라면 '태극은 빛'이다. 양의(兩儀)와 태극과 무극, 이 셋은 셋이면서 하나이다. 이를 하느님, 또는 임금, 또는 마음의 주인인 정신이라고 해석하기도 한다. 태극기 도형의 푸른색과 붉은색을 빛과 힘이라고 하든지, 평등과 자유라고 하든지, 진리와 생명이라고 하든지, 여하튼 두 힘이 프로펠러처럼 맴돌아서 한없이 발전하고 변혁하는 뜻이 있다.[87]

---

87) 민족문화봉찬회,『국기해설문』32.

〈참고 문헌 목록〉

『감리회보(1935-1958)』, 기독교대한감리회.
『독립기념과 전시품 요록』, 삼성문화인쇄사, 1987
구필회, 『태극기와 민족정기』, 태극기광복추진위원회, 1990
김상섭, 『태극기의 정체』, 동아시아, 2001
나종태, 『역사의 태극기展』(2008. 8. 13-8. 26), INSA art center
민족문화봉찬회, 『국기해설문』, 삼우문화사, 1985
박종구, 『하도락서』, 등대지기, 2021
백광하, 『태극기』, 동양수리연구원출판부, 1965
백문섭, 『올바른 태극기 해설』, 보경문화사, 2000
서병래, 『태극기 특별정훈 교재』, 육군본부, 1966
손세일의 비교 평전 '이승만과 김구', 『월간 조선』, 2007년 12월호
송교성, 『얘들아 태극기 이야기 좀 들어보렴』, 세손교육, 2007
송춘영, 『태극기의 어제와 오늘』, 형설출판사, 2008
『역사로 만나는 우리 태극기』
영화 '북간도의 십자가'(CBS).
예맥, 『진관사 태극기특별전』, 2010
오세종, '태극기를 바로 알자(1), 『성실문화』(32호), 성실문화, 2002
오세종, '태극기를 바로 알자(2), 『성실문화』(33호), 성실문화, 2002
오세종, '태극기를 바로 알자(3), 『성실문화』(34호), 성실문화, 2003
이덕희, 『하와이 대한인국민회 100년사』, 연세대학교 대학출판문화원, 2013
이병근 (이완범 감수), 『역사로 만나는 우리 태극기』, 서울컬렉션, 2015
이인수 외, 『한국기독교역사박물관』, 서울, 한국기독교역사박물관, 2019.

전국역사교사모임, 『살아있는 한국사교과서(2권)』, 휴머니스트, 2002

주희(朱熹), 『주역본의』, 北京, 1990

重山학회, 『주역과 세계』, 東信출판사, 1988

「지계아문 토지문서」, 1903

『태극기』, 육군본부,

『하와이한인교회사』

홍승표, 『태극기와 한국교회』, 이야기books, 2022.

Christ United Methodist Church, Honolulu, Hawaii, 『Christ Uited Methodist Church, 1903-2003: A Pictorial History(그리스도 연합감리교회 100년 사진 역사: 1903-2003)』, 쿰란출판사, 2003

독립기념관 자료.

백범 김구 기념관.

서울박물관 태극기 전시회.

인사동 태극기 전시회.

청주 서원교육대학교 태극기 전시회.

통영 박물관 전시 태극기.